JN094139

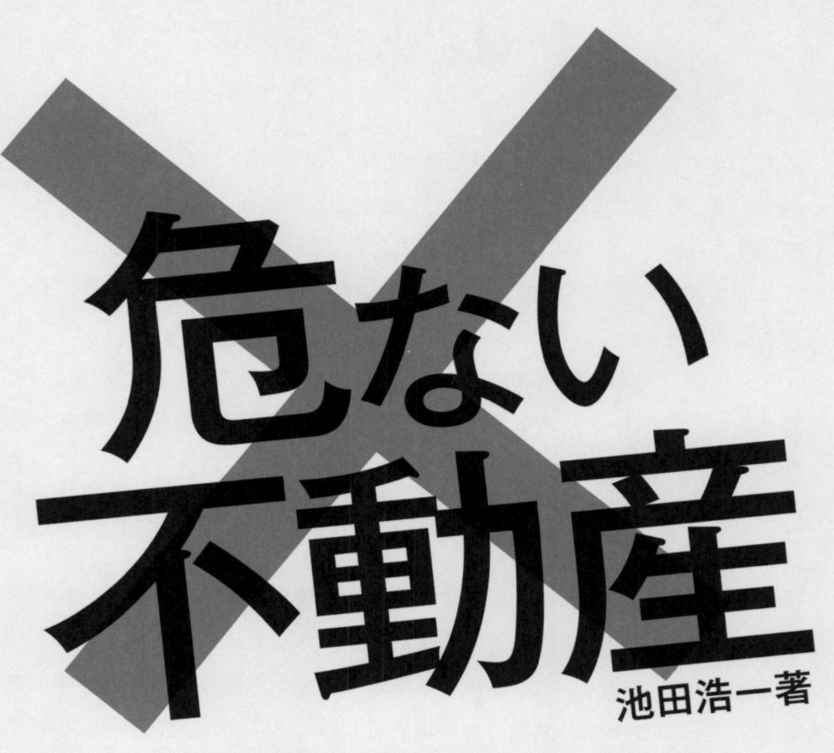

危ない不動産

池田浩一著

知っておきたい家と土地の知識と
トラブル解決法

はじめに

この度は本書を手に取っていただきまして、ありがとうございます。

あなたは、どのような気持ちで、この本を手にしてくれたのでしょうか。

不動産を売りたい、買いたいと真剣に考えている人、不動産トラブルに対して不安を感じている人、既にトラブルに巻き込まれてしまっている人もいるかも知れませんね。

マイホーム、投資事業など、不動産はあなたに夢や希望、理想的な生活、あらゆるビジネスチャンスをもたらしてくれる存在です。しかし、関わり方を間違うと、一瞬にして人生を狂わしてしまうほどの「危険な存在」になることもあるのです。

国土交通省や都道府県に持ち込まれる宅地建物取引に関する苦情・相談件数は、少しずつ減少傾向にはありますが、私のところに来る相談案件は、経済的事情から住宅ローンの返済に行き詰まった方や欠陥住宅を巡る紛争に巻き込まれてしまった方、売ることも貸すこともできない「負」動産を相続することになってしまった方など、相談内容は、年々、深刻さを増してきているように感じます。

不動産取引を安心安全に行う上で必要とされる法律知識や専門知識、実務上の手続きなどは、度重なる法改正や新制度の導入によって、年々、複雑化し増加し続けています。

そのような背景のなか、専門的な知識や経験を持たない一般消費者が、どれだけ多くの専門書で学び、膨大なネット情報を収集してみても、「実践で役立つ知識」、「自分や大切な家族を守る力」を短期間で身に着けることは至難の業と言わざるを得ません。

本書では、

❶法令上の制限、❷土地と境界、❸敷地と道路、❹家（マイホーム）、
❺ライフライン、❻マンション、❼お金（マネー）、❽売買契約

の８つのテーマについて、不動産トラブルに巻き込まれないための防止策、巻き込まれてしまった場合の対処法を実例を用いて、わかりやすく解説しました。

「不動産を学びたい」と真剣に考える全ての人を応援する本書には、２つの特徴があります。

❶トラブル事例をもとに、当事者の会話形式を取り入れ、リアルに演出。
❷専門知識・専門用語は、イラストと実例を多用し、わかりやすく説明。

本書を手に取り、実際に行動を起こされたあなたが、不動産と自信を持って向き合い、不動産とともに生きることの新たな「希望」と「喜び」を見出す一助となれたら、筆者としてこんなにうれしいことはありません。

池田浩一

CONTENTS

Chapter 1 「法令上の制限」を知らないと怖い目に！

Chapter 2

ここが危ない！ 土地と境界

CONTENTS

Chapter 4

家が建たない！ 欠陥？ マイホームの落とし穴

CONTENTS

Chapter 5

上下水道、ガス、電気 ライフラインの盲点

Chapter 6

マンション生活はトラブルがいっぱい

CONTENTS

Chapter 7 「お金」にまつわる不動産のトラブル

Chapter 8

「売買契約」には盲点がいっぱい！

本書の構成

本書は不動産取引（購入、売却）、建築、資金計画、マンション生活など不動産（家と土地）にまつわるトラブル、落とし穴、盲点となる部分にスポットを当てつつ、正しい不動産の知識や制度を学ぶことを目的としています。

図解やイラストを見ながら事例を把握し、やさしく不動産を学べるように工夫しています。

不動産にかかわる仕事に就きたい方や就いて間もない方、不動産の売買をこれからしたい方、不動産の資格をとりたい方にご一読をお勧めします。

会話形式の導入部

トラブル事例を売主、買主、不動産業者、工務店など登場人物の会話を入り口として解説していきます。

市街化区域と市街化調整区域の区分
画課）の窓口か、ホームページで公
計画図で確認できますよ。

用語

特に重要な語句、難解な語句については、「用語」欄で解説しました。本文中の「用語」で解説する語句には＊印を付けています。

● 特定行政庁とは
建築主事を置く地方公共団体とその長のこと。建築
建築主事を置かない市町村では都道府県知事が特定

POINT

節の最後には、「POINT」として、覚えておくべきこと、必須の知識を箇条書きでまとめました。最後の復習として利用してください。

POINT
❶ 都市計画区域は市街化区域と市街化調整区
れる。
❷ 市街化調整区域では、原則、建築物を建てる

ご利用前に必ずお読みください

本書に掲載した情報に基づいた結果に関しましては、著者および株式会社ソーテック社はいかなる場合においても責任は負わないものとします。
本書は執筆時点（2023年4月現在）の情報をもとに作成しています。掲載情報につきましては、ご利用時には変更されている場合もありますので、あらかじめご了承ください。以上の注意事項をご承諾いただいたうえで、本書をご利用願います。
本書に登場する人物は仮名で実在する人物とは無関係です。あらかじめご了承ください。

「法令上の制限」を知らないと怖い目に！

市街化調整区域で家が建たない!?

「不動産は怖い！」はここから始まった

皆さんは、不動産取引や不動産業者にどんなイメージをお持ちでしょうか？

テレビドラマやＣＭの影響もあり、昔のような「怖い」「悪質」といったイメージも少しずつ変わってきているように感じますが、現実には私たち**一般消費者を巻き込むトラブルは後を絶ちません。**

令和２年度に国土交通省と都道府県に持ち込まれた宅地建物取引業者がかかわった取引における苦情・紛争の相談件数は 1,163 件です。

平成 29 年度（1,748 件）以降は少しずつ減少傾向にはありますが、いまだ毎年 1,000 件を超える相談件数があることに脅威を感じます。

「不動産業者には気をつけろ！」という悪質なイメージの代表が、これからお話する**市街化調整区域**に関わるものです。

家が建てられない危ないエリア

「**原野商法**」という言葉をご存知でしょうか。

かつて、悪徳な不動産業者が山林や原野といった非常に価値の低い土地を、「将来必ず値上がりする」「駅ができる」などと不当な勧誘により、消費者を騙して売りつけるといった行為が繰り返し行われ、1970 ～ 1980 年代にかけて被害が多発しました。

原野商法により扱われた土地の多くが、ライフライン（電気、ガス、上下水道）が整備されておらず、家が建てられない**市街化調整区域**にある土地でした。

市街化調整区域とは、**都市計画法**＊に基づき指定された**都市計画区域**＊の中で「**市街化を抑制する区域**」、簡単に言うと「**街づくりを抑えるエリア**」のことで、原則、建築物を建てることはできません。

一方、市街化調整区域に対し、積極的に街づくりを行うエリアを**市街化区域**と呼び、公共事業として、道路、公園、下水道など公共施設が計画的に整備されます。

もちろん、建物の建築も可能です。私たちが日常生活を送っているエリアの多くが、この市街化区域とイメージすれば理解しやすいと思います。

また、市街化区域と市街化調整区域のどちらにも区分されていない区域を**非線引き区域**といい、開発行為などに対する制限も緩くライフラインも整備されていないため、計画性のない**無秩序な開発が行われる傾向**にあります。

●市街化区域と市街化調整区域と非線引き区域

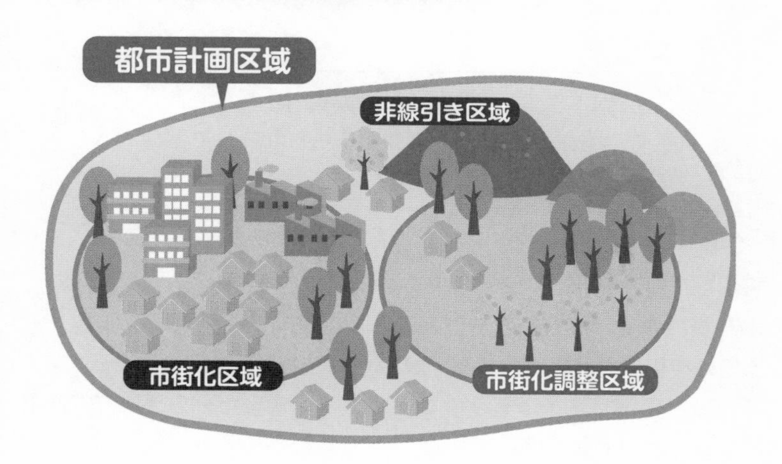

● **都市計画法とは**

都市の健全な発展と秩序ある整備を図り「快適で住みよい街づくり」を行うことを目的とした法律。

● **都市計画区域とは**

都市計画法に基づき、計画的に街づくり（整備、開発、保全）を行うエリア。都道府県知事や国土交通大臣が指定します。

市街化調整区域の土地を買わされた！

マイホームを購入希望の高岡さん（35歳）は、**静かに生活できる郊外の戸建用地をいろいろと物色**していました。

半年ほど経ったある日、ネットに掲載されたある物件に目が止まりました。

『更地50坪！　環境良好！　価格2,000万円！』

周辺にショップや飲食店などがほとんどない閑静な場所です。

少し不便ではあるけれど、駐車スペースも十分確保できる敷地と、何より格安であることが決定打となり、即購入を決意しました。

新築戸建のプランを立てようと気持ちが高ぶってきた矢先、工務店から想定外の連絡があり、高岡さんの頭の中は真っ白になりました。

高岡さん、この土地は市街化調整区域にあるので家を建てることはできないそうです！

えっ！　市街化調整区域？　家が建てられないってどういうことですか？

契約後にわかった家が建てられない土地

高岡さんから相談を受け調査を行ったところ、工務店の指摘通り、高岡さんが**契約した土地は市街化調整区域内**にありました。

前述の通り、市街化調整区域は無秩序な開発を防止するための区域で、**原則は建築物を建てることができません**。

ただし、市街化調整区域においても、すべての建物を建てられないわけではありません。

都道府県知事の許可を得ることで建築可能となるケースと**許可が不要なケース**があります。

高岡さんのケースは、建築可能なケースに該当しないのか確認してみましょう。

■ 市街化調整区域でも建築可能なケース

1. 都道府県知事の許可が不要な建築物を建てるケース

❶ 農林漁業施設、農業従事者の住宅

❷ 駅舎、図書館、公民館など公益上必要な建築物

❸ 既存適法建築物に付属する建築物（車庫、物置など）

2. 宅地利用が認められた土地で一定の建築物を建てるケース

既に**宅地***としての利用が認められた土地で、日常生活に必要となる物品を販売する**小規模な店舗**や農業従事者の本家からの**分家住宅**、**既存住宅の建替え**など

は、都道府県知事の許可を得ることで建築可能となります。

3. 開発業者による開発許可が得られた土地で建築物を建てるケース

- **宅地とは**

既に建物が建っている土地、もしくは建物の敷地として利用される土地のこと。

高岡さんの場合、農業従事者でもなければ、日常生活に必要な物品を取り扱う店舗を建築するわけでもありません。

また、既存住宅の建替えや開発業者により許可が得られた土地を購入するわけでもありません。

したがって、土地購入の目的であるマイホーム建築に関しては、**建築の許可が得られないことが明らか**でした。

高岡さんが契約を行った際の**重要事項説明書**＊を確認したところ、**市街化調整区域で市街化を抑制する区域である旨の記載**はありました。

しかし、高岡さんは不動産業者に対し、土地購入の目的が「マイホームの新築」である旨をしっかりと伝えていたのは確かであり、売主である不動産業者と話し合いを行うことになりました。

高岡さんの場合、契約は締結していたものの、残代金の支払い、物件の引き渡しを行う前であったため、不動産業者もトラブルが大きくなることを避けたかったのか、合意の解除に応じ、**契約時に授受した手付金も返金**されたということです。

- **重要事項説明書とは**

宅地建物取引業法に基づき、宅地建物取引士により説明される目的物件と取引内容に関する重要事項を記載した書面。買主（借主）が契約締結に対する最終の意思決定を行うことが目的であり、宅建業法35条書面と呼ばれます。

市街化調整区域は売却も困難！

高岡さんの場合、売主との話し合いによって契約を解除することができましたが、**市街化調整区域に対する不動産業者の説明義務**を巡り紛争にまで発展するトラブルは少なくありません。

売買契約前に交付される重要事項説明書にも、市街化調整区域である旨がしっかりと記載されていることで、不動産業者も説明義務を果たしたと主張し譲らないようなケースもあります。

高岡さんのようなトラブルに巻き込まれないためには、**購入を検討している対象地にどのような建築制限があるのかを必ず確認することが必要**です。

その第一歩が市街化区域と市街化調整区域の区分を知ることです。

高岡さん

市街化調整区域には懲りました。どのようにしたら調べられるんですか？

池田先生

市街化区域と市街化調整区域の区分は、役所（都市計画課）の窓口か、ホームページで公開されている都市計画図で確認できますよ。

市街化調整区域の場合、一部の許可不要なケースを除けば、新築時だけでなく、**既存住宅の建替えに関しても許可が必要**となるため、購入時はもちろん、将来的な**売却の際も苦戦する可能性が高くなります。**

建物を建築する際は、市街化区域と市街化調整区域の**区域区分**に始まり、この章で解説する**用途地域**（19ページ）や**建蔽率・容積率**（25、31ページ）など様々な**法令上の制限**があります。

トラブルに巻き込まれず、希望通りの物件を手に入れるためには、決して不動産業者任せにせず、**必要とされる専門知識を学びつつ自分自身の目で物件を見極めることが大切**です。

POINT

❶ 都市計画区域は**市街化区域**と**市街化調整区域**と**非線引き区域**に区分される。

❷ 市街化調整区域では、原則、建築物を建てることができない。

❸ **都市計画図**で、市街化区域と市街化調整区域の区分を必ず確認する。

店舗ができない土地に変わっていた!?

市街化区域は13種類の用途地域があります！

5年前に相続した土地でお店を開こうと思ったのですが、無理だと言われました。どうしてなんでしょうか？

あのコインパーキングの土地ですね。用途地域は確認されましたか？

えっ　用途地域って何ですか？

都市計画法では、「快適で住みよい街づくり」を実現するために、**都市計画区域を市街化区域**と**市街化調整区域**に区分しています。

この２つの区域の区分は、地図上で線を引いてエリアを分けるイメージから**「線引き」**と呼ばれ、いずれの区域にも指定されていないエリアが**非線引き区域**です。（15ページ）

物件購入や新築を検討している場合、まず最初に対象地が上記のいずれの区域にあるのかを確認しましょう。

次に調査すべき内容が、これから説明する「**用途地域**」です。

用途地域ごとに様々な建築や使途の制限があります！

対象地が**市街化調整区域**にある場合は、原則、建物を建築できません。

私たちが生活している**市街化区域**であっても、建物の用途、広さや大きさなどにより様々な建築制限があります。

都市計画法では、計画的な街づくりを目的に、**市街化区域内に住居系８種類、商業系２種類、工業系３種類の１３種類の「用途地域」を指定**し、それぞれの地域で用途の制限を設けています。

用途地域とは、建物の種類「用途」による地域区分で、**建築基準法***では、用途地域ごとに、住宅、店舗、事務所、旅館、学校、病院、倉庫、工場など、**建築可能な建物の内容を明確に定めています。**

これを「**用途制限**」と言います。

閑静な住宅街に深夜営業を行う風俗ビルがあったり、激しい騒音が鳴り響く工場地域に学校や病院があったりというような**無秩序な開発行為を防止し、最適な地に最適な用途の建物を集め、「快適で住みよい街づくり」を目指すための法規制**です。

種類	用途地域	特徴
住居系（8種類）	第一種低層住居専用地域	低層住宅の良好な環境を守るための地域
	第二種低層住居専用地域	主に低層住宅の良好な環境を守るための地域
	第一種中高層住居専用地域	中高層住宅の良好な環境を守るための地域
	第二種中高層住居専用地域	主に中高層住宅の良好な環境を守るための地域
	第一種住居地域	住居の環境を守るための地域
	第二種住居地域	主に住居の環境を守るための地域
	準住居地域	道路の沿道において、自動車関連施設などと調和した住居の環境を保護するための地域
	田園住居地域	農業と調和した低層住宅の環境を守るための地域
商業系（2種類）	近隣商業地域	近隣の住民に対する日用品の供給を行う店舗などの業務の利便増進を図る地域
	商業地域	主として商業等の業務の利便増進を図る地域
工業系（3種類）	準工業地域	主として環境悪化のおそれのない工業の利便増進を図る地域
	工業地域	主として工業の利便増進を図る地域
	工業専用地域	専ら工業の利便増進を図る地域

- **建築基準法とは**

国民の生命・健康・財産の保護を目的に、建築物の敷地・設備・構造・用途について守るべき最低基準を定めた法律です。

最も建築制限が厳しい住居専用地域

用途地域の中でも、建物の建築制限が最も厳しい地域が、**第一種低層住居専用地域**や**第二種低層住居専用地域**といった、いわゆる「閑静な住宅街」に多い地域です。

これらの地域では、住宅、小中高等学校、診療所などは建築可能ですが、店舗や事務所、倉庫などは一切建築できません。まさに**「住む」に特化した地域**です。

作ることに特化した工業専用地域

工業専用地域は「作る」に特化した地域で、倉庫や工場以外の建物は厳しく制限されます。住宅や学校はもちろん、店舗やホテルなども禁止されています。

規制が緩やかな商業地域

一方、最も**制限の緩やかな地域が商業地域**で、危険物の貯蔵施設など一部の用途を除き、**ほとんどの建物が建築可能**です。

「**営む**」ことを目的とした商業系の地域は、経済活動の中心となる地域であり、幅広い用途に対応しているわけです。

5年ごとの用途地域の見直しに注意！

岡部さんの５年前に相続した土地は市街化調整区域ではなく**市街化区域**にあります。

希望する店舗が建築できないとすれば、用途制限による可能性が高いと言えます。

早速、岡部さんと一緒に役所の**都市計画図で確認**してみました。都市計画図は役所の窓口以外にも自治体のサイトでも閲覧することができます。

閲覧の結果、岡部さんの土地は店舗の建築が許可されない**第一種低層住居専用地域**にあることが分かりました。用途地域の中でも最も制限が厳しい地域であり、店舗や事務所などは一切建築できません。

住宅以外の店舗や事務所は、床面積に関係なく建築できませんね。

えっ　そうなんですか？　でも、周りにはいくつかお店があるんですけどね……。

用途地域が変更されていた岡部さんの土地

岡部さんが対象の土地を相続したのは今から５年前のこと。

当時から店舗の出店に関心があり、複数の不動産業者や工務店から建築計画の提案を受けていましたが、資金的余裕がなかったため、蓄えができるまではコインパーキングとして活用していくことにしました。

岡部さんとお話しをするうちに１つの疑問が生じました。

なぜ当時、不動産業者や工務店から店舗の建築ができない旨の説明がなかったのでしょうか。

岡部さんが相続した時も、現在と同じ用途地域（第一種低層住居専用地域）だったのでしょうか。

岡部さんのお話し通り、対象地周辺には小さいお店もあります。

後日、都市計画課の窓口で再度調査したところ、３年程前に**用途地域の見直しが行われ変更されていた**ことが分かりました。

岡部さんが対象地を**相続した時は第一種住居地域**であり、その後、現在の**第一種低層住居専用地域に変更**されたのです。

対象地の周辺にある店舗は用途地域の見直しが行われる前に建築されたもののようです。

用途地域は、都市計画に基づき概ね**５年ごとに見直し**が行われます。特に制限の厳しい地域に変更されているケースは注意が必要です。

用途制限はもちろんのこと、用途地域ごとに指定された**建蔽率や容積率**（25ページ）が変更されることによって、新築時、建替え時などに希望する建物が建築できない可能性があります。

結局、岡部さんはお店の建築を諦めて土地を売却し、店舗が建築可能な他の用途地域で物件を探すことになりました。

用途地域をまたぐ場合は広い方の制限が適用される

用途地域の見直しとともに盲点となるのが、**対象地が制限の異なる複数の用途地域にまたがるケース**です。

例えば、対象地が**第一種低層住居専用地域**と**第一種住居地域**にまたがるようなケースです。

用途制限が厳しい第一種低層住居専用地域では店舗や事務所は建築できませんが、第一種住居地域であれば建築可能（床面積要件あり）です。

また、住宅が建築できない**工業専用地域**と建築可能な**工業地域**にまたがるようなケースはどうでしょうか。

このように対象地が用途制限の異なる地域にまたがるケースでは、**敷地の過半が属する地域**、つまり**広い方の用途制限に従う**ことになります。

この点は非常に重要です。

それぞれの用途地域に占める敷地面積を正確に把握しておかなければ、希望する用途の建築物が建てられるかどうかが判断できません。

まずは役所の都市計画図で対象地の属する用途地域を確認しましょう。

その上で、2つの用途地域にまたがったり、対象地と用途地域の位置関係が不明瞭な場合は、都市計画課で**用途地域境界線の位置確認申請**を行うことで、対象地と用途地域の位置関係を正確に判断できる図面を入手することが可能です。

● 2つの用途地域にまたがるケース

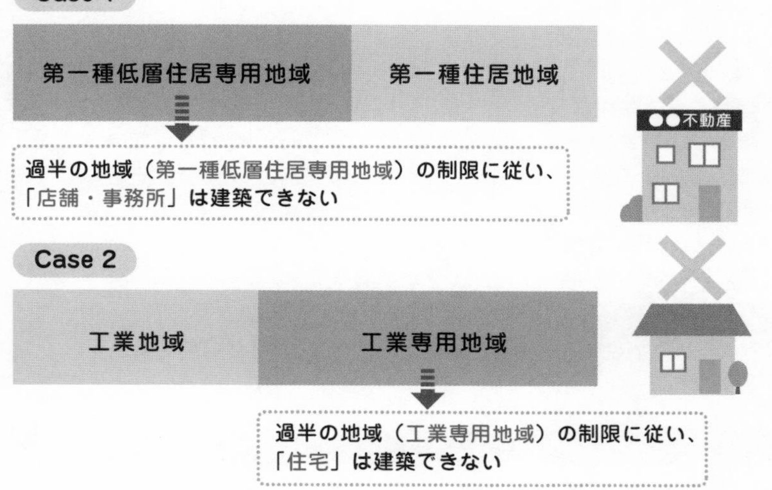

❶ 市街化区域には**13種類の用途地域**があり建築可能な用途が制限される。

❷ 用途地域の見直し、特に**制限の厳しい地域への変更には注意**が必要。

❸ **複数の用途地域にまたがる時**は、過半の用途制限に従うことになる。

Column

立地適正化計画を考える

日本の都市における今後の街づくりは、急激な人口減少と高齢化を背景として、若者世帯や子育て世帯、高齢者にとって「安心安全で快適な生活環境」を実現することが最大の課題です。

「**立地適正化計画**」は、2014年8月に都市再生特別措置法が改正され誕生した制度です。

都市計画法による街づくり計画に加え、**住居、病院、福祉施設、商業施設**など生活利便施設などがまとまって立地し、高齢者をはじめとする住民が自家用車に頼ることなく**公共交通**によってアクセスできるような「**コンパクト・プラス・ネットワーク**」の考えによって街づくりを推進する制度です。

国が立地適正化政策を策定する市町村に対して、積極的に税制優遇や補助金などの支援を拡充し、生活に必要となるあらゆる機能が集中した、効率的で持続可能な都市「コンパクトシティ」を形成していくのが制度の目的です。

立地適正化計画では、市街化区域と非線引き区域を対象に、医療・福祉・商業などの都市機能を都市の中心拠点や生活拠点に誘導する「**都市機能誘導区域**」、人口減少の中にあっても一定のエリアにおける人口密度を維持することで、生活サービスやコミュニティが持続的に確保されるよう居住を誘導する「**居住誘導区域**」を指定します。

都市計画の規制緩和による住宅の供給過剰と自治体による人口の奪い合いなど、人口減少社会、高齢化社会における悪循環をくい止めるには、行政、住民、民間企業が一丸となって「街づくり」を推し進めようとする力が必要不可欠です。

希望通りの家が建たない！（建蔽率編）

「広さ」と「大きさ」の建築制限のワナ

工務店

役所で調査してみたのですが、この土地は建蔽率の緩和は適用されないので、プラン通りの広さの家が建てられないんです。

山城さん

えっ　そんな！　建蔽率の10％割増しが受けられるから、その分だけ広い家が建てられるはずだったのでは……。

用途制限とともに、不動産の購入・売却時に必ず必要となる知識として、建築基準法で定める**建蔽率**と**容積率**があります。

建蔽率とは建物の広さの制限

建蔽率とは、**建物の「広さ」に対する制限**であり、**敷地面積に対する建築面積の割合**で示します。

建築面積とは、建物を真上から見た**水平投影面積**で建坪と言われたりします。実質的には、建物の各階で最も広い**1階部分の床面積**と考えればよいでしょう。

建蔽率は次の計算式で求めることができます。

計算式　$$建蔽率（\%）=\frac{建築面積}{敷地面積}\times 100$$

簡単に言うと、**敷地面積に対して建物を建築できる「広さ」の割合が建蔽率**となります。建蔽率が50％なら敷地面積の半分の広さの建物が建てられるということです。

容積率とは建物の大きさの制限

容積率とは、建物の「大きさ」に対する制限であり、**敷地面積に対する延床（のべゆか）面積の割合**で示します。延床面積とは、建物のすべての階の床面積を合計した面積です。

つまり、**敷地面積に対して建物の立体的な「大きさ」の割合を示すのが容積率**です。容積率は次の計算式で求めることができます。

計算式　$$容積率（\%）= \frac{延床面積}{敷地面積} \times 100$$

建蔽率と容積率を計算することにより、何階建ての建物が建築可能であるかが分かります。

用途地域ごとに決められている建蔽率と容積率

建蔽率と容積率は、用途地域ごとにその上限となる数字が定められています。

これは、低層住宅の多い閑静な住宅街に高層マンションが建築されたり、住宅密集地で敷地いっぱいに建物が建てられたりといった**無秩序・無計画な開発を防止**し、デコボコのない均衡の取れた街づくりを実現するための制限です。

しかし、現実にはすべての建築物が建築制限を遵守しているわけではなく、社会的な問題とされる**違反建築物**や**既存不適格建築物**（116 ページ）の多くは、この建蔽率や容積率によるものです。

【具体例】

用途地域：第一種低層住居専用地域
建蔽率：50%
容積率：100%
敷地面積：200㎡
⇒「建築面積」と「延床面積」の上限は？　何階建てまで建築可能か？

●建蔽率＆容積率

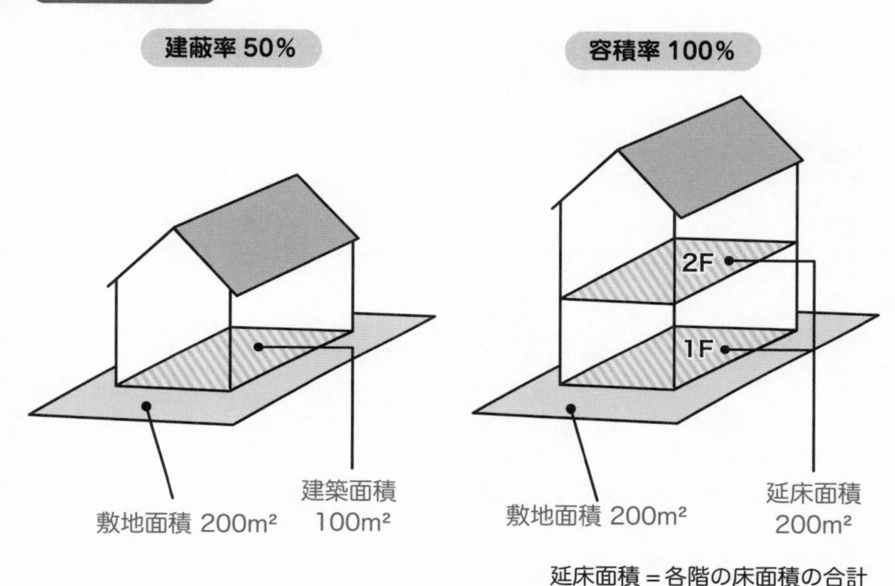

延床面積＝各階の床面積の合計

- **建築面積の上限**　200㎡ × 50%　＝**100㎡ ⇒ この面積を超えるとダメ！**
- **延床面積の上限**　200㎡ ×100%　＝**200㎡ ⇒ この面積を超えるとダメ！**
- **建築可能な建物**　**1階100㎡、2階100㎡の2階建**

建蔽率の角地緩和が受けられない！

新築の注文住宅を計画中の山城さん（40歳）からのトラブル相談です。

不動産業者から勧められたロケーションの良い東南角地が気に入り、即購入を決意した山城さん。

建蔽率の割り増しが受けられると喜んでいたところ、工務店からの連絡で話は思わぬ方向へ。

納得のいかない山城さんは不動産業者に詰め寄りました。

先日契約した土地だけど、工務店から建蔽率の角地緩和が受けられないと言われたよ！　これじゃ予定していた広さの家が建たないよ！

本当ですか？　東側4m、南側も6mの角地ですよ。そんなはずは……

各用途地域ごとに指定された建蔽率は、**一定の要件を充たせば緩和措置が適用**されます。

その１つが今回問題となっている**建蔽率の角地緩和**です。

角地緩和とは、特定行政庁＊**の指定する角地の場合は建蔽率が10％加算される**という建築基準法の規定です（第53条第3項第2号）。

例えば、100㎡の土地で用途地域としての指定建蔽率が60％で建築面積の上限が60㎡の場合、角地緩和が適用されると建蔽率は70％（60％＋10％）、建築面積の上限は70㎡になります。

建物の新築や建替えを検討する人にとっては非常に重要なポイントです。

ただし、注意が必要なのは、角地であれば、どのようなケースでも建蔽率が緩和されるわけではないという点です。

適用要件も特定行政庁によって異なり、**それぞれの道路幅員**、**合計幅員**、**内角**、**敷地面積**、**隅切り**（すみきり）＊の取り扱いなどが要件として定められています。

山城さんの契約した土地は、道路幅員（東側）4ｍ（南側）6ｍ、敷地面積210㎡、指定建蔽率60％です。

調査の結果、都道府県知事が指定する「**道路の幅員がそれぞれ6ｍ以上、その和が15ｍ以上のもの**」または「**道路の幅員がそれぞれ4ｍ以上、敷地面積が200㎡以下のもの**」という敷地の適用要件を充たしていないことが判明しました。

建築面積の上限は210㎡×60％＝126㎡となり、角地緩和が適用可能な場合（建築面積の上限：210㎡×70％＝147㎡）と比較すると21㎡の差が生じます。

新築プランに多大な影響を与えるのは確かであり、山城さんの怒りはごもっともです。

角地だからと安易に建蔽率の角地緩和が適用されるものと思い込み、**建築指**

導課窓口での確認を怠った不動産業者の調査ミス、説明義務違反は明らかです。

特定行政庁の定める角地緩和

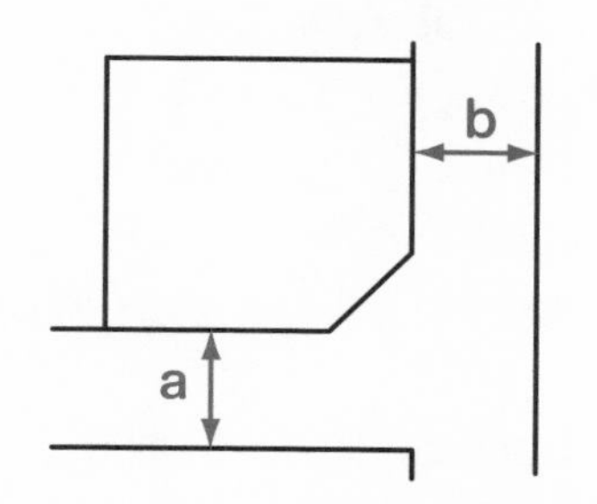

山城さんの土地

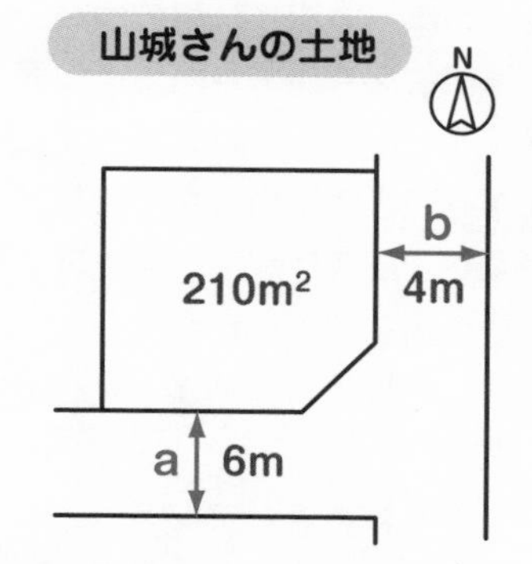

❶ a (6m以上)＋b (6m以上)＝**15m以上**
or
❷ a (4m以上)、b (4m以上)
＋
敷地面積$200m^2$以下

❶ 東側道路幅員4m<6m ⇨ (X)
❷ 南側道路幅員(6m)、東側道路幅員(4m) ⇨ (O)
＋
敷地面積$210m^2 > 200m^2$ ⇨ (X)

結局、山城さんは弁護士に依頼し、不動産業者に損害賠償請求を行い、最終的には示談に至ったようです。

しかし希望する新築プランを大幅に妥協せざるを得ないことは確かであり、山城さんご家族の精神的ストレスははかり知れません。

● **特定行政庁とは**

建築主事を置く地方公共団体とその長のこと。建築主事を置く市町村では市町村長、建築主事を置かない市町村では都道府県知事が特定行政庁となります。

● **隅切りとは**

2方向の道路に面する敷地の角の一部を切り取り、道路状にすること。通行上、見通しをよくすることで事故などを防止する目的です。

建蔽率と容積率オーバーに注意！

不動産の購入・売却時に特に注意したいのが、**建蔽率や容積率オーバー**です。

現在は建物の工事完了後の**完了検査**＊は法令により義務付けられていますが、既存住宅のなかには建蔽率や容積率を守っていない**違反建築物**や法改正により**既存不適格建築物**になってしまったものが少なくありません。

また、所有期間中に**無許可で行った増築**などによるケースもあります。

特に違反建築物の場合、金融機関の融資の利用が困難となるのはもちろんのこと、行政による指導、使用禁止や除去など厳しい是正命令を受ける場合もあります。

知らずに購入してしまった場合でも建物所有者である限り是正義務は免れませんし、将来的に売却しようにも買手を見つけることが困難になります。

マイホームという生涯で最も高価な買い物で後悔することのないよう、建蔽率や容積率をはじめとする**建築制限違反**には十分に注意しましょう。

● 完了検査とは

建築主は工事が完了してから4日以内に各地方自治体の特定行政庁、もしくは民間の指定確認検査機関に完了検査を申請しなければなりません。検査の結果、建築確認申請のとおり建築され適法であると判断されると検査済証が交付されます。

POINT

❶ **建蔽率と容積率**で、建築可能な建物の「広さ」と「大きさ」が決まる。

❷ **角地緩和の適用要件**は安易に判断せず、必ず担当窓口で確認すること。

❸ 建蔽率と容積率オーバーは要注意。知らずに購入しても是正義務はあり。

希望通りの家が建たない！（容積率編）

前面道路の幅で容積率が変わる？

建物の「広さ」を決めるのが建蔽率、「大きさ」を決めるのが容積率です。

基本的には用途地域ごとに決められた制限が適用されますが、建蔽率の緩和措置と同様に、容積率にも陥りやすい盲点があります。

それが、これから説明する**前面道路幅員（ふくいん）による容積率の制限**です。分かりやすく言うと、土地の前面道路の幅が狭いと、用途地域ごとの制限よりもさらに容積率の制限がきびしくなるのです。

敷地の面する前面道路の幅員が**4m以上12m未満**の場合、容積率は道路幅員に一定率を乗じた数値以下であることが必要です。

用途地域ごとに指定された数値（指定容積率）と比較して、**小さい数値（＝厳しい制限）**が対象地で適用される容積率（基準容積率）となります。

① 住居系8地域

前面道路幅員（m）× $\frac{4}{10}$※ $\left(\frac{6}{10}\right)$ ＝ 基準容積率（%）

② その他の地域

前面道路幅員（m）× $\frac{6}{10}$※ $\left(\frac{4}{10}\text{ または }\frac{8}{10}\right)$ ＝ 基準容積率（%）

※係数は自治体で確認する

なお、前面道路の幅が4m未満の場合には、道路の境界線から敷地を後退させる**セットバック**（92ページ）が必要になります。

ダブルショック！　わが家が違反建築だった！

岡本さんのご自宅は容積率がオーバーしてますね。
建て替えると家が小さくなりますよ。

えっ！　容積率オーバーって何ですか？　どうして
家が小さくなるんですか？

申し上げにくいのですが、もともと違反建築だった
可能性が高いですね。

岡本さん（65歳）は、息子さんご夫婦の出産を機に**二世帯住宅への建替え**を決意しました。

ところが、建築士から住み慣れた**自宅が違反建築**であることを聞かされ頭が真っ白に。さらに、建替えにより現在よりも小さい建物しか建築できないことを知らされ、動揺を隠せない様子です。

岡本さんの現在のご自宅の内容をまとめてみました。

- 第二種住居地域、土地150㎡、建物270㎡
- 前面道路4ｍ、建蔽率60％、容積率200％（指定容積率）
- 自治体の指定する係数4／10

岡本さんのご自宅は、**指定容積率**通りであれば、
土地 150㎡× 200%＝ 300㎡ が延床面積の上限となり、現在の延床面積270㎡は適法であるように思われます。

ここでは、前面道路の幅員が４ｍであることに注意が必要です。

前面道路が４ｍ以上 12 ｍ未満の場合、容積率は道路幅員に一定率（4／10）を乗じた数値以下であることが必要となります。

この場合は、道路幅員４ｍ× 4 ／ 10 ＝ **160%**

指定容積率 200%と比較し、小さい方の 160%が適用される基準容積率になります。

したがって、**建築可能な建物の延床面積の上限**は、
土地 150㎡× 160%＝ 240㎡ となり、延床面積が 270㎡ある現在の建物は 30㎡ほどオーバーしていることになります。

指定容積率の場合　土地 150 ㎡ × 200% ＝ 300 ㎡

前面道路幅員による容積率の場合

土地 150 ㎡ × 160% $\left(4\text{m} \times \frac{4}{10}\right)$ ＝ 240 ㎡

道路幅員による制限（160%）
建築可能な延床面積の上限（240 ㎡）

60㎡も小さくなったら、二世帯住宅は難しいですよね……。

岡本さん

池田先生

完全な二世帯住宅でなくても、**間取りを工夫すれば**、ゆったりとした家は設計できますよ。もう一度、息子さんご夫婦と相談されてはいかがですか。

岡本さんは息子さんご夫婦と相談した結果、二世帯住宅を諦め、間取りを工夫することでプライバシーを確保できるようなプランを検討することになりました。

そして、１年後、岡本さんと息子さんご夫婦の新居が完成しました。

少し小さい家になりましたが、いずれは息子に残すことになる家なので。今は大満足です！

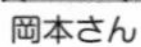

池田先生

良かったですね！　毎日、お孫さんの成長を見守ることができて幸せですね！

要注意！　用途地域をまたがるときは？

建蔽率や容積率は建物の広さや大きさを決める重要な制限です。

建蔽率の緩和措置や**容積率の道路幅員による制限**の読み違いから、希望する家が建築できないこともあります。

ところで、建蔽率や容積率は各用途地域ごとに指定された制限が基準となりますが、対象地が制限の異なる２つの用途地域にまたがる場合はどちらの地域の制限が適用されるのでしょうか。

用途制限のように、過半の地域つまり大きい方の地域の制限が敷地全体に適用されるのでしょうか。

建築基準法では、敷地が複数の用途地域にまたがる場合、**敷地面積を地域ごとに按分し、各地域ごとに建蔽率や容積率の計算を行った上で合計する**と定められています。

具体例で説明しましょう。

【具体例】

敷地面積300㎡のうち、

第一種低層住居専用地域200㎡（建蔽率50％、容積率100％）、

第一種住居地域100㎡（建蔽率60％、容積率200％）の場合

⇒ **建築可能な建物の「建築面積」と「延床面積」の上限は？**

（a）建蔽率の計算

200㎡ × 50％＋100㎡ × 60％　＝（建築面積の上限）**160㎡**

（b）容積率の計算

200㎡ ×100％＋100㎡ × 200％ ＝（延床面積の上限）**400㎡**

POINT

❶ 容積率は**前面道路幅員に一定率を乗じた数値以下**であることが必要。

❷ 前面道路幅員に乗じる係数は必ず**各自治体で確認**すること。

❸ 複数の**用途地域にまたがる場合**、建蔽率と容積率は按分計算となる。

Column

建蔽率と容積率の緩和措置

建築物の「広さ」を決める建蔽率、「大きさ」を決める容積率には、要件に応じた緩和措置があります。

建蔽率の緩和措置

❶ 特定行政庁の指定する角地などの場合 ⇒ 10％増し
❷ 防火地域内の耐火建築物の場合 ⇒ 10％増し
❸ 準防火地域内の耐火建築物又は準耐火建築物 ⇒ 10％増し
❹ 防火地域内（建蔽率80％指定）の耐火建築物 ⇒ 制限なし

容積率の緩和措置

❶ 駐車場などの床面積不算入（建築床面積の5分の1限度）
❷ 地下室の床面積不算入（住宅部分床面積の3分の1限度）
❸ 小屋裏収納の床面積不算入（直下床面積の2分の1限度）
❹ 共同住宅の共用廊下、階段などの床面積不算入

高さ制限で２度の大失敗！

3つの建築制限 ── 見落とした高さ制限

先日契約した土地だが、この地域は10ｍの高さ制限があると工務店に言われましたよ。それから説明してもらった斜線制限も間違ってましたよ。

えっ！　10ｍって本当ですか？　斜線制限もですか？

家を売る時や買う時に必ずチェックしておきたい建築制限の３本柱が、**用途制限**、**建蔽率と容積率**、そして、これから説明する**高さ制限**です。

「用途」「広さ・大きさ」「高さ」の建築制限の３本柱は、「快適で住み良い街づくり」という都市計画法や建築基準法の目的を考えると、理解しやすいでしょう。

高さ制限には、次の３つがあります。

❶ 絶対高さ制限
❷ 日影規制
❸ 斜線制限

私たちが快適で健康的な生活を送る上で、欠くことのできない日当たりや風通しを確保するための建築制限です。

❶絶対高さ制限

用途地域のなかでも、戸建などの低層住宅が集まる地域には、住環境を守るための「**絶対高さ制限**」という建築物の高さ規制があります。

具体的には、次の３つの地域では**10ｍまたは12ｍのうち都市計画で定められた高さより高い建物を建てられません**。

- 第一種低層住居専用地域
- 第二種低層住居専用地域
- 田園住居地域

❷日影規制

建築基準法では、周囲の敷地の**日照を確保するため**に、高さ10ｍを超える建築物を対象として、１年で最も日が短い（日照時間が短い）冬至日（12月22日頃）の午前８時から午後４時までの間に隣接地に一定時間以上の日影を生じさせないように規制しています。

次の３つの地域は、**高さ７ｍ超または３階以上（地階は除く）の建物が日影規制の対象**となります。

- 第一種低層住居専用地域
- 第二種低層住居専用地域
- 田園住居地域

日影規制は、住宅地における日照確保を目的としているため、**商業地域、工業地域、工業専用地域は対象外**です。

❸斜線制限（しゃせんせいげん）

道路や隣地との間の通風や、採光の確保を目的に、**勾配面で建築物の高さを制限**します。

道路斜線制限、**隣地斜線制限**、**北側斜線制限**の３つの制限があります。

（a）道路斜線制限

敷地の面する道路向い側の日照確保、通風確保を目的に、**道路向い側境界線**から一定距離の**勾配面**で高さを制限します。

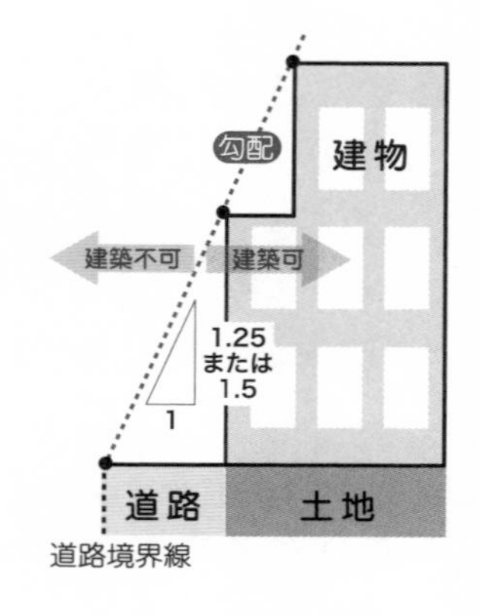

（b）隣地斜線制限

隣地に面した建物の高さ 20 mまたは 31 m（特定行政庁が指定）を超える部分について一定距離の**勾配面で高さを制限**します。

勾配の角度は 1：1.25（住居系以外の用途地域は 1：2.5）です。

隣地斜線制限より厳しい絶対高さ制限を受ける第一種低層住居専用地域、第二種低層住居専用地域、田園住居地域では適用されません。

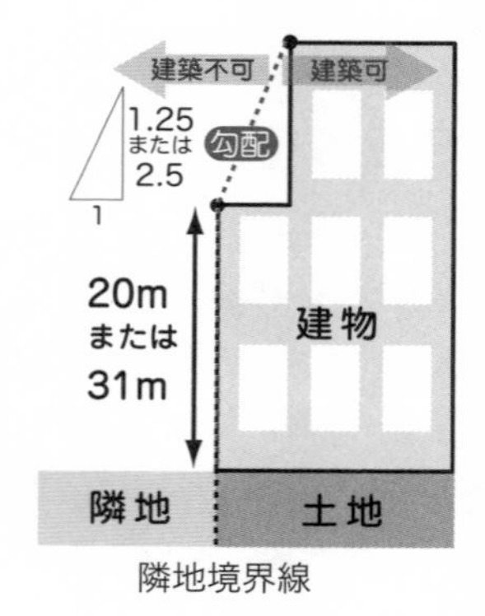

（c）北側斜線制限

第一種低層住居専用地域、第二種低層住居専用地域、田園住居地域では北側境界線上 5 m、第一種中高層住居専用地域、第二種中高層住居専用地域では北側境界線上 10 mを超える部分について一定距離の**勾配面で高さを制限**します。

勾配の角度は 1：1.25 です。

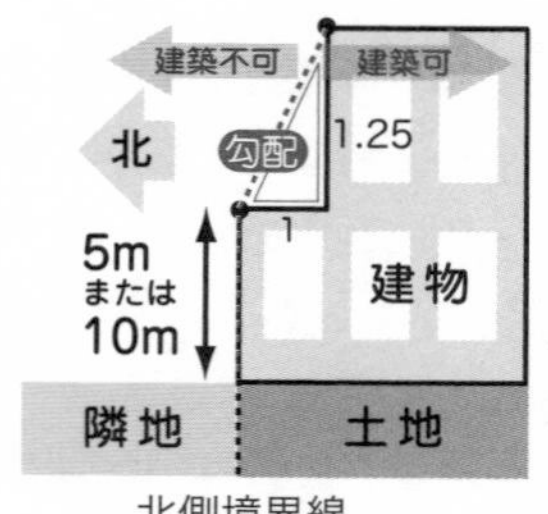

不動産営業３年目の高田さん、１年前に**宅地建物取引士**の資格を取得したばかりです。

初めて物件調査から契約手続きまでを１人で任されることになり少し緊張気味。

無事に契約を終え『これで一人前！』と安心していたところ、後日、お客様から**重要事項説明**の内容で誤りを指摘されてしまったようです。

高田さんの取引物件は、**第一種低層住居専用地域**にある土地で、都市計画で定められた **10m の絶対高さ制限**がありました。

重要事項説明では、用途制限、建蔽率や容積率、適用される高さ制限として、日影規制と３つの斜線制限を説明したようですが、大きな２つの誤りが分かりました。

高田さんの誤り（その1） 説明漏れ

⇒対象地は絶対高さ制限の適用があり、建築物は高さは10ｍに制限される。

高田さんの誤り（その2） 内容の誤り

⇒第一種低層住居専用地域、第二種低層住居専用地域、田園住居地域では隣地斜線制限は適用されない。

（理由）隣地斜線制限よりも厳しい絶対高さ制限が適用されるため

絶対高さ制限で指定する 10 ｍは、木造３階建てを少し余裕を持って建てられる程度の高さになるので、一般住宅であればほとんどの場合、建築可能となります。

高田さんのお客様も、当初より木造２階建て住宅を予定していたため、絶対高さ制限の適用に関する説明漏れは大きな問題にはなりませんでした。

また、建物の高さ 20 ｍまたは 31 ｍを超える部分の建築を制限する隣地斜線制限に関する誤った説明も、予定している建築プランに影響がないため、理解してくれたようです。

しかし、資格取得のために勉強した知識を実践で活かせなかった高田さんのショックは相当なものです。改めて基本の大切さを実感する案件でした。

２度目の大失敗！　見落とした建築協定！

3階建ては建たないって言われました！　なぜでしょう？

お客様B

不動産営業
高田さん

そっ　そんなはずは……。高さ制限もしっかり調査したはずですが……。

前回の失敗経験から約半年、高田さんは『基本を大切に！』と繰り返し自分に言い聞かせ、物件調査も契約手続きも問題なく処理できるようになり、少しずつ自信を取り戻しかけていた矢先のことでした。

またも、**物件調査**と**重要事項説明**に関わる大きなトラブルを引き起こしてしまったようです。

高田さんから相談を受け、調査内容をまとめた資料を確認しました。

用途制限、建蔽率に容積率、そして前回失敗した高さ制限。

高田さんの説明通り、対象地に関する一通りの法令上の制限は調査されているように思われました。

建築基準法より厳しい制限のある建築協定

しかし、**物件の所在地**に目をやった瞬間、私は思わず声を発していました。

『建築協定だ！』

その場所は、１年程前に私自身が取引した案件と同じ地域にあり、建築協定による高さ制限（階数制限）が取り決められているエリアでした。

建築協定とは、建築基準法で定められた基準に上乗せする内容として、**地域住民自らが設ける建築制限**です。

地域住民が快適で住み良い街並みの維持・保全を目的に全員合意の上で取り決める協定であるため、**建築基準法より厳しい制限**が設けられているのが通常です。

建築協定で定める主な制限内容には、**建築物の構造**（耐火性など）、**高さ制限**や**階数制限**などといったものの他、**外壁や屋根の色彩や意匠**なども地域で統一感を持たせたものに指定されることがあります。

『自分の家なのにどうして？』と感じられる内容も建築協定では取り決められたりします。

また、商店街などではアーケードや広告塔など共用施設の設置に関わる内容から、出店可能な業種や業態（例：パチンコ屋、マージャン屋は不可など）、店先の広告看板のデザインなど非常に細かい取り決めが協定で取り決められていることもあります。

１年前の調査情報を基に、高田さんの案件を調査した結果、やはり「**地階を除く２階建てとする**」という制限が建築協定で定められていることが分かりました。

高田さんは、お客様から「３階建て住宅の建築用地」ということで、土地の購入目的や希望する建物用途をしっかりと伝えられていたようです。単なる調査ミスや説明不足では済まされない重大なミスを犯してしまいました。

建築協定の有無は、**重要事項説明でも必ず説明が必要となる内容**であり、**役所の窓口で確認**すれば、完全に防ぐことのできたトラブルです。

今後、高田さんの勤務する会社としては、重要事項説明義務違反を巡り、お客様に対する損害賠償や契約解除などに関し、時間をかけて話し合いを続けていくことになります。

建築基準法を始めとする様々な法令は、「**守らなくてはならない最低基準**」を定めたものであり、個々の案件に応じた適切な調査と対応の重要性を再認識させられた案件です。

●建築協定で定められる様々な制限

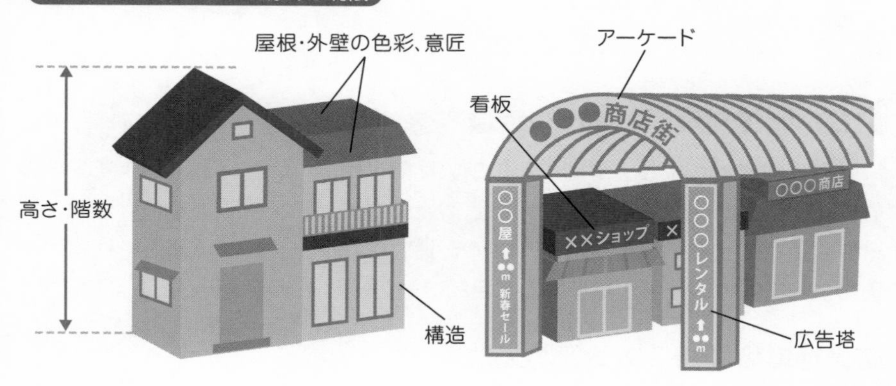

POINT

❶ **高さ制限**には、絶対高さ制限、日影規制、斜線制限の3種類がある。
❷ 適用される高さ制限の種類や制限内容は、用途地域ごとに異なる。
❸ **建築協定**は建築基準法に上乗せされる形で制限が設けられる。

完全予算オーバー！木造3階建て耐火建築物！

防火地域や準防火地域では建築制限がある

私たちの生活する街や大切な家を災害や火災から守るため、**都市計画法では次の２つの地域を指定**し、**地域内における建築制限**を設けています。

- **防火地域**
- **準防火地域**

厳しい建築制限がある防火地域

人や車の流れが激しく集中するエリアは**防火地域**に指定されています。具体的にはマンションや高層ビル、大型商業施設などが密集する都市中心部や、国道や県道など主要幹線道路沿いを中心に指定され、火災による延焼や建物の倒壊による被害の拡大を**「防止する」**目的で**厳しい建築制限**が設けられています。

防火地域の周囲にある準防火地域

準防火地域は、防火地域の周囲を取り囲むように指定されています。火災発生時の延焼速度を緩やかに**「抑える」**ことを重視しており、建築物の階数や床面積に応じた建築制限がありますが、防火地域よりも規制は緩やかです。

建築士

木造の耐火建築物となると、高度な技術が必要なので割高になりますよ。

耐火や準耐火建築物でなくても、大丈夫では？

荒井さん

いや、この地域だと3階以上は、耐火建築物でないと建てられませんよ。

えっ！　どういうことですか？　準防火地域ですよね？

防火地域や準防火地域に指定されたエリアでは、一定の耐火性能が認められる**耐火建築物***や**準耐火建築物***などでの建築が必要とされます。

各地域ごとに建築物の**階数**や**床面積**によって、必要とされる制限が定められています。

■ 防火地域と準防火地域における建築制限

❶ 防火地域

（a）3階以上（地階含む）または延床面積100㎡超の建築物
⇒ 耐火建築物

（b）上記以外
⇒ 耐火建築物または準耐火建築物

❷ 準防火地域

（a）4階以上（地階除く）または延床面積1,500㎡超の建築物
⇒ 耐火建築物

（b）3階以下（地階除く）かつ延床面積500㎡超1,500㎡以下の建築物
⇒ 耐火建築物または準耐火建築物

（c）3階（地階除く）かつ延床面積500㎡以下の建築物
⇒ 耐火建築物、準耐火建築物 または一定の技術的基準に適合する建築物

用語

- **耐火建築物とは**

主要構造部（壁、柱、床、梁、屋根、階段など）に耐火性のある建材を使用し、外壁の開口部で延焼のおそれのある部分に政令で定める構造の防火戸や防火設備を施した建物です。**主要構造部**が火災発生から**最長3時間**（階数により異なる）熱や炎に耐える性能（**耐火性能**）を備えた構造です。一般的にRC造、レンガ造、鉄鋼モルタル造などになります。

- **準耐火建築物とは**

耐火建築物以外の建築物で主要構造部を準耐火構造としたもの、もしくは、準耐火構造と同等の準耐火性能を有するもので、外壁の開口部で延焼のおそれのある部分に政令で定める構造の防火戸や防火設備を施した建物です。**最長45分間**（階数制限なし）、熱や炎に耐える性能（**耐火性能**）を備えた構造です。

防火地域と準防火地域にまたがる場合は？

先月、土地を購入した荒井さん（40歳）は、3階建て新築住宅の建築を予定しています。金融機関からの融資が減額されてしまい、予算は結構ギリギリです。

なんとか予算内で夢のマイホームをと試行錯誤していたところに、担当の建築士から**建築費が想定よりも高額になる**という連絡があり、何が何だか分かりません。

確かに建築士の説明通り、鉄骨造や鉄筋コンクリート造と違って、火災に弱い**木造住宅を耐火建築物として仕上げるには高度な技術と高額な建築費が必要**になります。

荒井さんは、耐火建築物や準耐火建築物にする必要はないと考えているようですが、一体、どうして建築士の説明と食い違いが生じているのでしょうか。

まずは、荒井さんの購入した土地と建築予定の建物の概要を整理してみました。

土地：150㎡、間口10m、奥行き15m

※道路境界線 ～7m（70㎡）商業地域、防火地域、建蔽率80％、容積率400％

※7m ～ 隣地境界線（80㎡）近隣商業地域、準防火地域、建蔽率80％、容積率300％

建物：木造3階建て、建築面積：100㎡、延床面積：250㎡

気になる点は、土地が商業地域と近隣商業地域、防火地域と準防火地域、建蔽率と容積率も制限の異なる地域にまたがっている点です。

まず、**用途地域**に関しては、**過半の地域**つまり近隣商業地域の制限に従うことになりますが、いずれも住宅の建築は可能であり問題ありません。

次に**建蔽率**と**容積率**に関しては**面積按分**となりますが、予定されている建物の建築面積や延床面積から判断するとまだまだ余裕があり問題ありません。

問題は、対象地が**防火地域**と**準防火地域**とにまたがるケースです。

●荒井さんの土地・建物

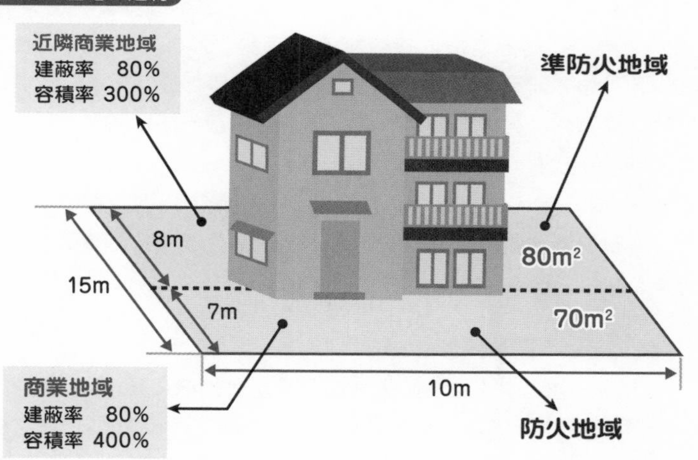

防火地域と準防火地域にまたがる時は厳しい制限が適用される

建築物が防火地域と準防火地域にまたがる場合は、用途制限のように大きい方の地域の建築制限に従うことになるのでしょうか。

建築基準法では、**建築物が防火地域と準防火地域にまたがる場合、厳しい地域である防火地域の制限が適用される**と定めています。

敷地の割合で見た場合、防火地域70㎡（約47%）、準防火地域80㎡（約53%）となり、準防火地域の方が広くなりますが、予定されている建物の建築面積が100㎡であるため、敷地全体のどの位置に建物を配置しても、必ず防火地域に重なることになります。

したがって、荒井さんの物件の場合、防火地域の建築制限のうち、「**3階以上（地階含む）または延床面積100㎡超の建築物**」の場合に該当し、**耐火建築**

物で建築することが必要であり、建築士の説明通りとなります。

荒井さんに詳しく事情を確認したところ、予定している建物が防火地域と準防火地域にまたがることは理解していたようです。

ところが、用途制限と同様に、面積の大きい方の準防火地域の制限「**3階（地階除く）かつ延床面積500㎡以下の建築物**」の場合に該当し、**耐火建築物**、**準耐火建築物**または一定の**技術的基準に適合する建築物**の中から選択できるものと思い込んでいたのです。

そして、荒井さんは、予算を考えた上で「**一定の技術的基準に適合する建築物**」としての対応を考えていたのでした。

ちなみに、一定の技術的基準に適合する建築物とは、建築基準法施行令第136条の2「3階建て建築物の技術的基準」を満たしたものを言います。

具体的には、建築物の外壁と軒裏を防火構造、屋根を不燃材料とし、外壁の開口部に防火戸を設けます。

また柱や梁を小径12㎝以上の太さにするか、石膏ボードなどで被覆することが必要で、準耐火建築物には及びませんが、木造住宅として最低限必要とされる防火対策を施した構造と言えます。

いゃ～参りました。防火地域と準防火地域にまたがる場合は厳しい方なんですね。何かいい方法はないものでしょうか？

設計上、難しいと思いますが、防火壁を設ける方法があります。

防火地域と準防火地域にまたがる場合の例外規定

建築物が防火地域と準防火地域とに**またがる場合の例外規定**として、建築物の防火地域外側（準防火地域内側）に**防火壁を設ける**方法があります。

この場合、防火壁より先にある部分は規制の緩い準防火地域の制限で対応可能です。

●防火壁を設けるケース

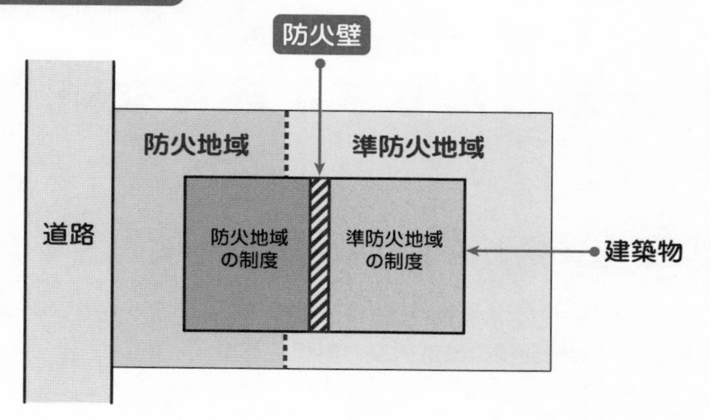

荒井さんが予定している建物では防火壁の設置は難しく、結果として建物一棟を耐火建築物で建築することになりました。

時代とともに建築技術も向上し、現在は木造の耐火建築物も可能ですが、一般住宅と比較すると、高度な施工技術が要求され、建築費も高額になります。

ただ、将来的に、防火地域、準防火地域の線引きや各地域内で必要とされる要件が変更されることで、大切な自宅が**既存不適格建築物**になってしまうリスクを考えると、新築時に安全面を一番に重視した建物（耐火建築物など）で建築するのが理想的と言えます。

POINT

❶ **防火地域**、**準防火地域**では、建物の階数や床面積による建築制限がある。

❷ 防火地域と準防火地域に**またがる場合**、**厳しい地域の制限が適用**される。

❸ **既存不適格建築物となるリスク**を踏まえ、安全面を重視した建物を建てる。

分筆したら家が建たない？

自治体ごとに定められた敷地面積の最低ライン

家を買うなら絶対に一戸建派という人に、ぜひ覚えておいてほしい知識の1つが**最低敷地面積（敷地面積の最低限度の制限）**です。

敷地面積の最低限度の制限は、大きい敷地を小さく分割するミニ開発を防止し、良好な住環境を維持、保全することを目的とし、都市計画で定められている制度です。

ミニ開発による密集地が増加すると、陽当たり、風通し、プライバシーなど生活環境が悪化し、地震や火災など災害発生時の被害が拡大します。

そのため、**自治体は地域ごとに敷地面積の最低限度を定め**、要件を満たしていない土地での建築を制限しているのです。

建築基準法（53条の2第2項）では、最低敷地面積を**200㎡以下**で指定するよう定めていますが、80㎡から150㎡ほどで指定している自治体が多いようです。

最低敷地面積の指定がある地域では、「**狭いながらも楽しい我が家**」とはいかないようです。

分筆したら建築不可に！

山里さん（兄）

父さんから相続した土地だけど、工務店から家が建たないって言われたよ！

えっ！　どういうこと？

山里さん（弟）

父親から土地を相続した山里さんご兄弟は、仲良く**2分の1ずつ分筆***して、それぞれの土地に家を建てる計画でした。ところが、工務店から建築ができないとの報告に2人とも大慌てのご様子です。

山里さんご兄弟の土地の情報を整理してみました。

土地：（分筆前）180㎡（分筆後）90㎡（A地）；90㎡（B地）、第一種低層住居専用地域

前面道路：南側6m公道に（A地）6m（B地）6m接道

建蔽率：50%

容積率：100%

※A地：山里さん（兄）所有地、B地：山里さん（弟）所有地

まず、建物を建築する上での絶対条件である**接道義務**（88ページ）に関しては、A地、B地とも南側6m公道にそれぞれ6m接しており要件を充たしています。

A地B地とも土地90㎡に対し、建蔽率50%、容積率100%であれば、建築面積45㎡（90㎡×50%）、延床面積90㎡（90㎡×100%）の2階建ての住宅が建築可能となるはずですが、なぜ建築不可という判断に至ったのでしょうか？

対象地周辺にも同じような大きさの住宅が普通に建ち並んでいます。

早速、山里さんご兄弟とともに役所（都市計画課、建築指導課）で調査を行ったところ、対象地の位置する第一種低層住居専用地域全域に**敷地面積の最低限度（最低敷地面積：100㎡）が定められている**ことが分かりました。

つまり、分筆前の180㎡であれば問題なく建築できたのてすが、2つに分筆し90㎡の敷地面積となったことによって、A地、B地とも自治体が定めた100㎡の最低敷地面積に対して10㎡（100㎡−90㎡）不足し、建物が建てられない土地になってしまったのです。

- **分筆とは**

1つの土地を複数の土地に分割して登記すること。

●山里さんのケース

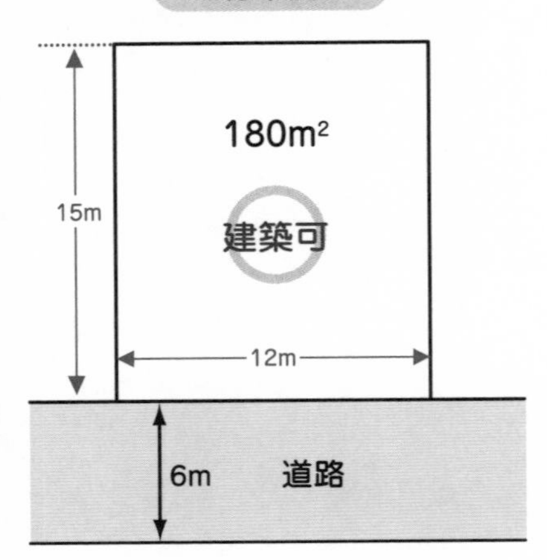

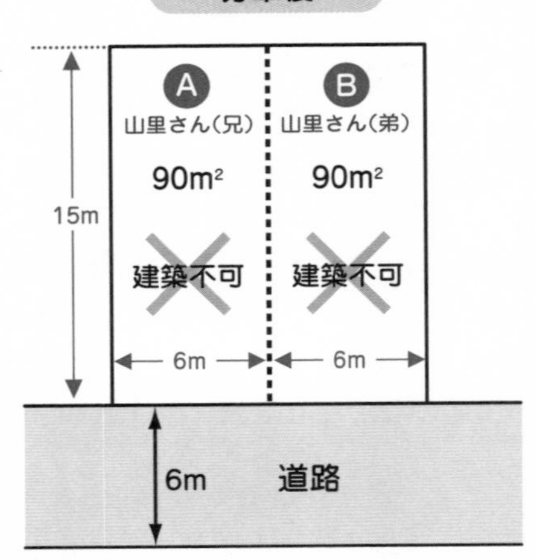

家が建てられなきゃ使い物にならないですよ〜。何か方法はありませんか？

山里さん（兄）

池田先生

ご兄弟で仲良く、二世帯住宅を建ててはいかがですか？

えっ！　そんなことできるんですか？

山里さん（弟）

Ａ地とＢ地をそれぞれ別々の土地として考える場合は、いずれの土地も最低敷地面積を充たしていないため建物を建築できません。

しかし、１棟の建物を建てるための１つの敷地として考えれば建築が可能となります。つまり、180㎡（Ａ地 90㎡＋Ｂ地 90㎡）の土地に１棟の住宅を建てるわけです。

方法としては、２つの土地を分筆前の状態に**合筆**＊し、**１筆になった土地をご兄弟の共有名義にする**方法と、土地は２筆のままで、建物を建てる際の**建築確認申請**＊の申請敷地を２筆とする方法があります。

ただし、新築される１棟の建物に関しては、ご兄弟の自己資金や融資額の比率などを前提に持分を取り決め、共有名義にすることになります。

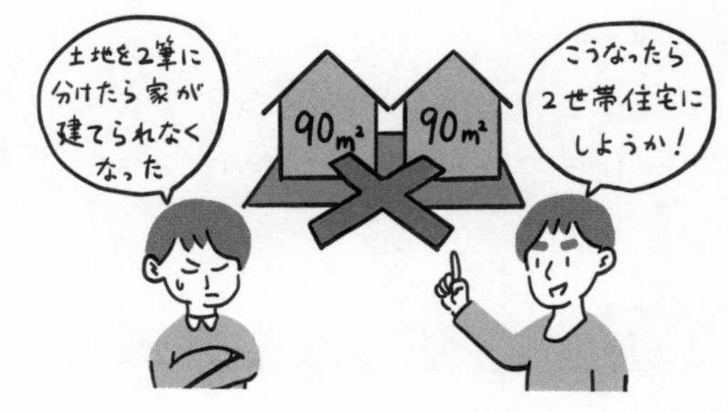

仲の良いご兄弟ならではの方法ですが、一緒に生活する家族の意向や将来的な相続のことも考えた上での慎重な判断が必要です。

また、２筆同時に売却するという選択肢もありますが、山里さんご兄弟は父親から譲り受けた土地を大切にしたいという意向から、二世帯住宅を建てることを決断されました。

- **合筆(がっぴつ／ごうひつ)とは**

隣接する複数の土地を法的に1つの土地にすること。

- **建築確認申請とは**

新築、増改築する建物が建築基準法に適合しているか審査するための申請行為。

最低敷地面積を下回っていても諦めない！

敷地面積の最低限度の制限は、最低敷地面積を下回るすべての土地に対して建築制限があるわけではなく、以下のような**救済措置**があります。

ただし、救済措置に関しては、各自治体の判断に委ねられる内容であるため、建築可能であるかなど詳細を詳しく確認する必要があります。

❶ 最低敷地面積に満たない土地にある**既存建築物**に対しては、敷地面積の制限を適用しない。

❷ 分筆により敷地面積の最低限度に満たない土地となった場合、**分筆時期が自治体の制度導入時期より前の場合**、建物の建築が認められる場合がある。

敷地の分筆時期に関しては、登記簿謄本表題部の「原因及びその日付」の記載内容により確認することができます。

■ 記載例

〇〇番〇〇から分筆　平成〇〇年〇〇月〇〇日

⇒ 自治体の最低敷地面積の制度導入時期より前であれば、建築できる可能性あり

POINT

❶ **自治体の定める最低敷地面積**を下回ると、建物を建築できない可能性がある。

❷ 最低敷地面積に満たない土地にある**既存建築物**には、**制限の適用がない**。

❸ 敷地の**分筆時期が自治体の制度導入前**であれば、建築できる可能性が高い。

Column

異なる地域にまたがるケースあれこれ

建築基準法では、敷地が用途制限、建蔽率・容積率の異なる地域にまたがるケースや、建築物が防火地域・準防火地域にまたがるケースの建築制限に関して明確に規定しています。

では、敷地面積の最低限度（最低敷地面積）の異なる地域にまたがるケースや、最低敷地面積の指定がある地域とない地域にまたがるケースはどのような取り扱いになるのでしょうか。この場合、用途制限と同様、**敷地の過半が属する地域の規制**、つまり**広い方の制限に従う**ことになります。

❶ 用途制限 ⇒ 敷地の過半が属する地域の規制

❷ 建蔽率・容積率 ⇒ 面積按分により計算

❸ 防火地域・準防火地域 ⇒ 厳しい地域の規制

❹ 最低敷地面積 ⇒ 敷地の過半が属する地域の規制

敷地の半分以上が都市計画道路だった！

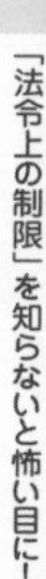

購入した土地に道路予定地が含まれていた

先日知人から購入した土地ですが、5階建てが建築できないようです。道路予定地だったみたいで……。

田畑さん

池田先生

都市計画道路ですか。敷地全体のどのくらいの面積ですか？

半分以上なんですよ。実は都市計画道路の存在すら知りませんでした。

田畑さん

都市計画法に定める都市施設（道路、公園、下水道など）のうち、都市計画に名称、位置、規模などが定められたものを「**都市計画施設**」と呼びます。

都市計画施設とは、計画的な街づくりのために具体的に整備することが決まった道路や公園、下水道などで、その代表的なものが「**都市計画道路**」です。

今回の相談者は、不動産投資家の田畑さん（仮名）55歳。

分譲ワンルームマンションから始めた不動産投資が軌道に乗り、7年目にして新築一棟マンションを建築する計画で知人から土地を購入しました。

ところが、**購入した物件の一部に都市計画道路が含まれていた**ようです。

都市計画道路には、次の２つのケースがあります。

❶ 既存の道路を拡幅する場合
❷ 新たに道路を造る場合

また、都市計画道路には、次の２段階があります。

❶ 計画決定
❷ 事業決定

建物の新築や増築が許可されるのは計画決定の段階までです。

事業決定の段階では、災害時の応急措置による建物など、一部の建築物しか許可されません。

田畑さんの購入した土地は、既存の道路を拡幅するケースで計画決定の段階であることが分かりました。

問題は、対象地に対する都市計画道路の占める割合と建築制限です。

道路予定地の割合が敷地全体の極わずかであれば、新築工事に与える影響も少ないと思われますが、田畑さんの土地の場合、敷地全体の半分以上を占めるということです。新築プランの全面的な見直しは避けられそうにありません。

都市計画道路内での建築制限

都市計画道路内での建築制限に関して整理してみましょう。

前述の通り、都市計画道路内では**計画決定の段階までなら建築は可能**となります。

建築が許可される場合でも、**「容易に移転、除去できること」を前提とした建築制限**が都市計画法第 53 条第 1 項で定められています。

主な建築制限の内容は次の通りとなります。

❶ 階数が3、高さ10ｍ以下で、かつ地階を有しないこと。
❷ 主要構造部が木造、鉄骨造、コンクリートブロック造などであること。
❸ 建築物が区域の内外にわたる場合、区域内の部分を容易に分離できるなど、設計上の配慮がなされていること。

役所（都市計画課）で調査したところ、対象地の150㎡には敷地全体の約57%に当たる約85㎡の**都市計画道路予定地**が含まれていることが確認できました。また、計画決定されたのは昭和55年でした。

このように、都市計画道路に関しては、一度、計画決定されると何年先に事業決定されるか分からない計画に対して、**土地所有者は厳しい制限を受け続ける**ことになります。

計画決定後何年も何十年も進捗のないまま塩漬け状態が続き、結果、計画の見直しにより廃止となっているケースも少なくありません。

最近では、長期で事業化の見通しのない都市計画道路を**緩和路線**と指定し、**建築制限に対する一定の緩和規定**を設ける自治体も増えましたが、現時点では、田畑さんの希望する5階建て収益マンションは建築できないことは確かです。

仮に3階建ての建物が建築可能でも、予定していた部屋数が確保できず収益性は大幅に下がります。

また、玄関、廊下、階段など共用部分の多い集合住宅では、敷地の半分以上を占める都市計画道路区域内にある建物部分を容易に分離できる設計上の配慮も困難です。

結局、田畑さんは、購入価格を2割程度下回る価格で土地を売却する選択肢を選びました。

都市計画道路の調査は慎重に！

田畑さんの場合、都市計画道路の存在すら調査せず、知人から土地を購入してしまったのがそもそもの失敗の原因です。

不動産業者の紹介であれば、少なくとも都市計画道路の存在を見落とすことはなかったはずです。

しかし、不慣れな業者に依頼した結果、調査が不十分であったりすると、トラブルに巻き込まれてしまう危険性は避けられません。

特に、田畑さんのケースのように、都市計画道路が敷地のどの範囲を占めるのかといった内容は、購入後の建築計画に影響を及ぼす重大な事項です。

自ら調査を行う場合はもちろん、不動産業者に依頼する場合も、**役所での都市計画図の閲覧に止まらず、担当窓口で慎重に確認することが必要**です。

以下に都市計画道路の確認ポイントをまとめてみました。

ⓘ都市計画道路の確認ポイント

❶ 都市計画図で都市計画道路の有無、名称、幅員などを確認する
❷ 都市計画道路があれば、計画決定段階か事業決定段階かを確認する
❸ 計画決定の場合、計画決定期日、計画決定番号、事業決定の予定の有無を確認
❹ 事業決定の場合、事業の開始時期、完了予定時期を確認
❺ 対象地と都市計画道路が重なる部分の範囲、具体的な建築制限の内容を確認

●都市計画道路

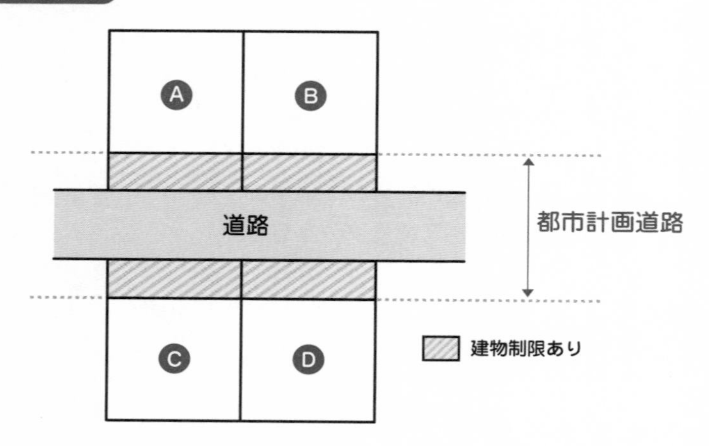

POINT

❶ 計画決定段階なら建築可能であるが、**事業決定段階なら原則建築不可。**
❷ **都市計画道路区域内での建築**には許可が必要であり、建築制限がある。
❸ 調査は都市計画図の閲覧だけでなく、必ず**担当窓口で詳細を確認**する。

ここが危ない！土地と境界

お宝が出た！
埋蔵文化財で一攫千金!?

埋蔵文化財が出土し大金持ちに!?

土地取引や新築工事で、対象地が「**周知の埋蔵文化財包蔵地**」に指定されている場合は要注意です。

周知の埋蔵文化財包蔵地とは、貝塚、古墳、土器、石器などの埋蔵文化財のあることが確認されている土地（いわゆる遺跡と呼ばれる場所）を言い、全国で約46万箇所もあり、毎年9,000件ほどの発掘調査が実施されています。

ねえ、あなた、今度買った土地からお宝が出てきたら大金持ちになれるかも（笑）。

本当だね！　お宝を当てて一攫千金だ～

建築工事の対象地が周知の埋蔵文化財包蔵地にある場合（調べ方は後述します）、工事の規模に関係なく**工事着手の60日前までに教員委員会への届出が必要**となり、その後、**現地調査、試掘**へと進められます。

この試掘により遺跡が存在しないことや工事が埋蔵文化財に影響しないことが確認できれば工事に着手できますが、遺跡が確認され工事の影響があると判断された場合は大変です。

文化財は国民共有の貴重な財産であるため、出土した遺跡に影響しないよう建築工事自体の計画を変更するか、変更が難しい場合は**工事着手前に本格的な「発掘調査」を行い文化財の記録を残す**ことが**文化財保護法**で義務付けられています。

調査費用は、営利を伴わない個人の専用住宅を建築する場合は公費で賄われるのが一般的ですが、工期の遅れや建築計画の見直しは相当なダメージです。

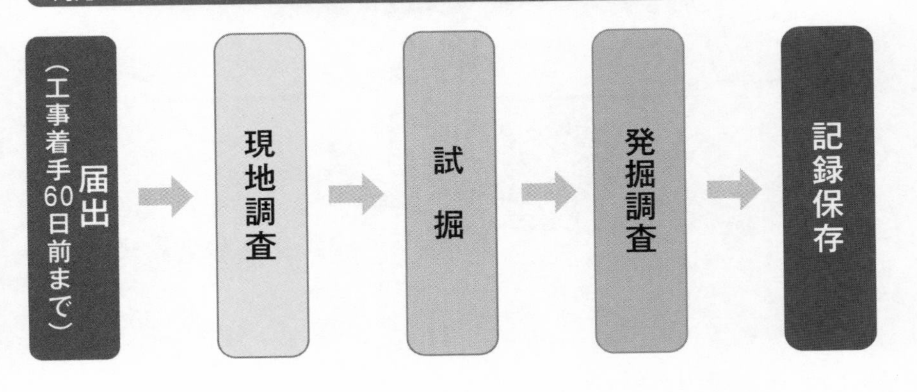

夢から現実に！　シャレにならない埋蔵文化財！

結婚10年目になる松井さんご夫婦は、長年の夢であった注文建築のマイホームを建てるため、緑豊かな住宅街の一角に30坪ほどの土地を購入しました。

不動産業者から周知の埋蔵文化財包蔵地に対する説明は受けていたものの、「まさか自分の土地が」という思いと、夢のマイホーム新築工事を目前にした喜びもあり、**重要事項説明**の説明内容はほとんど頭に入っていなかったようです。

松井さんご夫婦が購入された土地は、その周辺で弥生時代の土器や石器がたくさん出土している**周知の埋蔵文化財包蔵地**にありました。

時を超え2千年以上も昔の弥生時代の人々の生活に触れることができるなんて考えただけでロマンティックですが、それだけで終わらないのが現実の世界。

施工業者からの1本の電話連絡により、松井さんご夫婦は夢から厳しい現実に引き戻られる結果になりました。

試掘の結果が出ました。遺跡の存在が確認され本格的な発掘調査が必要だと判断されました。発掘調査は2、3カ月から半年、なかには1年以上かかる場合もあるようです。大変申し上げにくいのですが、建築工事の計画見直しと今後の費用のご相談を……。

冗談じゃない！　1年以上も工事がずれ込んだら今の家賃とローン返済の二重払いで破産しちゃうよ～

「備えあれば憂いなし」本格的な発掘調査を想定した計画を！

本件の問題点は、松井さんをはじめ不動産業者、建設業者など全ての関係者が、対象地が周知の埋蔵文化財包蔵地にありながら、**本格的な発掘調査になることはないものとして計画を進めてきた**ことでしょう。

周知の埋蔵文化財包蔵地に関しては、**教育委員会が作成する遺跡地図や遺跡台帳で調査可能**であり、分布図は**各自治体のWebサイト上でも確認**できます。

また、遺跡地図や遺跡台帳に登録されていない場合でも、外形的な判断やその地域社会における伝説などで**広く認められている土地も埋蔵文化財包蔵地に該当する**ため注意が必要です。

対象地が埋蔵文化財包蔵地に該当・近接する場合は、必ず担当窓口（文化財保護課など）で周辺の発掘調査の結果とともに、届出、試掘など必要となる手続きの詳細を確認することが必要です。

松井さんの場合、土地を購入する地域選定から、**本格調査となった場合の調査期間や工事の遅れを想定した余裕ある資金計画と建築計画**が必要であったことは言うまでもありません。

ちなみに、出土品で文化財の可能性があるものは教育委育会が鑑定を行い、結果、**文化財であると認められたもので所有者が判明しないものは、都道府県に帰属**されることになります。

「お宝」は自分の物にはなりません！　お金持ちにもなれません！

悪しからず。

POINT

❶ **周知の埋蔵文化財包蔵地の分布図**、周辺地域の**発掘調査の結果**など詳細情報を担当窓口で念入りに調査した上で土地購入を決定する。

❷ 遺跡地図や遺跡台帳に登録のない埋蔵文化財包蔵地に該当しないか、工事中に遺跡が出土した場合に必要とされる**手続き、費用などを担当窓口で確認**する。

❸ 届出、試掘の結果、**本格的な発掘調査が必要となるケースを想定**し、資金計画、建築計画を組み立てる。

Column

遺跡のある土地は災害に強い

埋蔵文化財包蔵地では、教育委員会への届出、試掘、発掘調査、記録保存など、調査費用の負担や工期の遅れ、最悪は建築計画の見直しを余儀なくされることもあり、悪いことだらけのように感じますが、実際のところはどうでしょうか。

私が幼い頃、祖父母が『遺跡がある土地は災害に強い』と、よく話していたのを覚えています。

現代のような高度な建築技術や優れた建築資材のなかった時代の人たちは、日々の経験を活かし、水害や地震の少ない土地を選び抜いて生活をしていたと伝えられています。

土器や石器が出土する土地や祖先の墳墓のある土地は、過去から現在に至るまで大きな災害に見舞われていない証とも考えられます。

先人たちの知恵と知識に学ぶところが多いですね。

地中埋設物の恐怖

天国から地獄へ!　地中埋設物が出た!

土地取引で最も注意したいのが「**地中埋設物**」の存在です。

地中埋設物とは、**解体した建物の建築廃材や大きな石、木の根など地中に存在する廃棄物**のことです。

産業廃棄物処理の規制が厳しくなかった時代には、解体した建物の建築廃材を撤去せず地中に埋め戻すことが珍しくありませんでした。

新築工事の掘り起こし作業で解体した建物の基礎やコンクリート片、屋根瓦、浄化槽などが出現し、撤去費用や工期の遅れを巡りトラブルになるケースが少なくありません。

相談に来られた山本さん（43歳）は、木造古家付きの土地を購入し地震に強い鉄筋コンクリート造３階建のマイホームを建築する計画でした。

仲介業者と相談し、売主側の費用で古家を解体する「**更地渡し**」を条件に無事取引が完了しました。

いよいよ新築工事に着手かと思いきや、山本さんのもとへ**地盤調査**を行った建設会社から信じられない連絡が……。

建設会社

地中からたくさんのコンクリート杭が出てきました。

山本さん

そんなバカな！　売主が古家を撤去し更地になっていたじゃないか！

建設会社

それが、今回の建物の杭ではなく、以前の建物のもののようです。鉄骨造や鉄筋コンクリート造の大きな建物だったようですね。撤去には相当な費用が必要です。少なく見積っても100万円は下らないかと。

そっそんな殺生な～　売主も不動産業者も教えてくれなかったぞ！

不動産業者の調査には限界がある

土地取引の現場では、山本さんが巻き込まれたようなトラブルは決して珍しくありません。

なぜなら、**過去の建築物の基礎杭**などは、新たに建築予定の建物に影響なしと判断されると、**そのまま地中に残され新しい建造物が建てられることがあります。**

山本さんの取引相手である売主の解体した建物は木造平屋建でした。建築時、基礎の工法や深さなどから、旧建物の基礎杭は撤去せず地中に残しても大丈夫と判断された可能性があります。

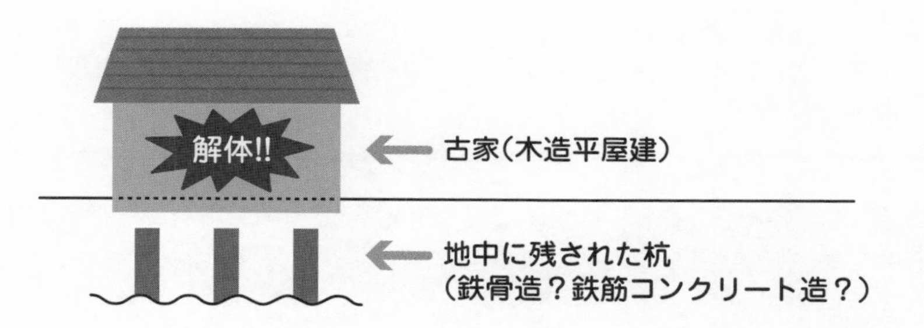

このトラブルの最大の盲点は、仲介業者を含む契約関係者全員が解体予定の建物の存在や撤去費用に注目するあまり、それ**以前の建物の建築廃材など他の地中埋設物に関して、完全にノーマーク**であったことでしょう。

仲介業者による調査は目視が基本であり、実際に土地の掘り起こし調査を行うわけではありません。

物件が引き渡された後に地中埋設物が発覚すれば、買主が想定外の金銭的負担を負うリスクだけでなく、売主も**契約不適合責任***により代金減額請求や損害賠償請求などを負う可能性が高くなります。

大切なのは、法務局で過去に取り壊された建物の**閉鎖謄本（閉鎖事項証明書）***を取得したり、都道府県図書館で**古い住宅地図や航空写真などを確認**することにより、現在の建物より高層で大型の建築物が存在しなかったなど**地歴調査**を繰り返し行い、地中深くに眠る**基礎杭の存在を予見する**ことです。

- **契約不適合責任とは**

買主に引き渡された目的物が種類・品質、数量、移転した権利に関して契約内容に適合しないものであった場合に売主が負うべき責任を定めたもの。買主は追完請求・代金減額請求・損害賠償請求・契約解除の４つの権利を行使できます。

- **閉鎖謄本（閉鎖事項証明書）とは**

取り壊された建物など、既に閉鎖されている過去の登記記録。過去の建物や土地利用の履歴を調査する際に活用します。

POINT

❶ 建築時の設計図書、閉鎖謄本、古い住宅地図や航空写真など、対象地に関する情報を可能な限り集める。

❷ 売主の立場における専門業者による調査（地中レーザー探査など）を契約条件とする。

❸ 売主の**契約不適合責任**の期間を民法上の定め（不適合を知った時から１年以内）もしくは、買主による調査作業を考慮した期間（例：引渡し後６カ月以内など）に設定する。

Column

目的に応じて登記簿謄本を使い分けよう！

❶ 全部事項証明書

現在効力のある事項及び過去の履歴が記載されている。過去の所有者暦や既に抹消されている担保暦も確認できます。

❷ 現在事項証明書

現在効力のある事項のみ記載されている。差押、抵当権設定など、過去の登記記録で表示したくない内容があれば、この証明書を活用します。

❸ 一部事項証明書

甲区（所有権）乙区（所有権以外）の特定した順位番号の内容のみを記載。共有不動産で、特定の所有者の登記記録のみ取得したい場合などに活用します。

❹ 閉鎖事項証明書

既に閉鎖されている過去の登記記録を記載。土地の「地歴調査」など、過去の建物や土地利用の履歴を調査する場合に活用します。

本当に怖い！軟弱地盤と液状化現象

家が傾き沈下する軟弱地盤と地盤調査

土地の取引において、地中埋設物とともに深刻な問題となるのが「**軟弱地盤**」です。

軟弱地盤とは、水分をたくさん含んだ泥やゆるい砂からなる弱い地盤で、建物が傾いたり、**不同沈下**＊を起こす危険性の高い土地です。

軟弱地盤の場合、地震などの揺れにより**液状化現象**＊を起こす危険性が高く、平成23年3月11日に発生した東日本大震災では、広範囲でこの液状化の現象が現れ、建物の傾き、沈下、ライフライン損傷などの被害が確認されました。

地質や地盤強度を調査し、建物を建てることが可能かどうかを確認する作業を**地盤調査**（68ページ）と言います。

調査の結果、**軟弱地盤と判断された場合**は、建築前に地盤を補強するための**地盤改良工事**（68ページ）を行い、**建物の安全性を確保**することが必要になります。

- **不同沈下とは**

地盤が収縮、陥没し、建物が不揃いに沈み込む現象です。外壁のクラックや建具類（窓、扉など）の開閉が困難に感じたら要注意です。

- **液状化現象とは**

地下水位が高く、ゆるく堆積した砂地盤が地震の震動により液体状になる現象。地盤が震れることで砂粒子間の間隙水の水圧が上昇し、砂粒子が水中に浮いた状態になることが原因です。

両親から相続した土地で損害賠償請求が

両親から相続した土地（更地）を売却した荒井さん（48 歳）。その土地に思わぬトラブルが……。

決して裕福ではなかった両親が残してくれた大切な土地を好条件で購入してくれる買主が現れたため、荒井さんは売却を決意しました。

取引を終え安心したのも束の間、土地を仲介した不動産業者から想定外の電話が……。

荒井様、先日お取引いただいた土地なんですが、買主様が地盤調査を行ったところ軟弱地盤だということが判りました。

軟弱地盤!?　そんなこと両親からも聞かされてないけど。

買主様がこのままでは家が建てられないから、地盤改良工事に必要になる費用を売主様の方で負担してほしいとお話されてまして……。

そんなバカな！　家を建てるために必要な工事なら買主が負担するのが当然でしょう！　それに不動産業者なら契約前に地盤調査をアドバイスしてくださいよ！（怒）

このトラブルの問題点は、売主である荒井さんはもちろん、買主も仲介業者も地盤強度に関して特に疑いを持たず、**契約前に地盤調査を実施しなかった**点にあります。

買主の土地購入の目的は「家を建てること」であり、**安全に建物を支えるだけの地質や地盤強度は当然に土地に求められる「品質」**であると考えられます。

確かに、荒井さんは軟弱地盤であることを知らなかったわけですが、土地が更地の状態であり容易に地盤調査を行うことが可能であったことを考慮すると、買主から**契約不適合責任**を求められる可能性は否定できません。

不動産業者は地盤調査の専門家ではありません。

しかし、売買当事者間のトラブルや不測の金銭的リスクを防止するためにも、取引のプロとして**契約前の地盤調査の提案**、**調査結果に基づく地盤改良工事の必要性の有無**や**当事者間の負担区分**などを明確に取り決めておくべきであったことは明らかです。

POINT

❶ 各自治体の公表する**防災ハザードマップ**や**液状化マップ**を参考に対象地の危険性を予測する。

❷ 対象地が旧河川や旧沼地、埋立地、干拓地、盛土地など液状化の危険性の高い土地でないか、**閉鎖謄本、古い住宅地図、航空写真**などを用いて調査する。

❸ 契約前に必ず**地盤調査を実施**し、調査結果に基づく地盤改良工事の必要性の有無、売買当事者間の負担区分を明確に取り決める。

Column

地盤調査と地盤改良工事

地質や地盤強度を調査し、建物の基礎工法、地盤改良工事の必要性の有無や改良法を判断するために行う**地盤調査**には、**スクリューウエイト貫入試験**（**SWS試験**）と**ボーリング調査**（**標準貫入調査**）があります。

❶スクリューウエイト貫入試験（旧スウェーデン式サウンディング試験）

➡先端がスクリュー状になったロッドを回転貫入させ回転数や音など地盤データを計測する最も一般的な調査法です。（主に一戸建など）

❷ボーリング調査（標準貫入試験）

➡１ｍ毎に穴を開け、強度（Ｎ値）計測とサンプル採取を行う調査法です。（主にマンション、大型建築物など）

地盤調査の結果、軟弱地盤だと判断された場合は、地盤改良工事を行います。

地盤改良工事には、**❶表層改良工法**、**❷柱状改良工法**、**❸小口径鋼管杭工法**があり、地盤の状態により最適な工法を選択することになります。

❶表層改良工法（ひょうそうかいりょうこうほう）

軟弱部分が比較的浅く、地表から２ｍ以内の時に用います。軟弱部分を掘削しセメント系固化材を土に混ぜ強度の高い地盤をつくります。

❷柱状改良工法（ちゅうじょうかいりょうこうほう）

軟弱部分が地表から２～８ｍ程度の場合に用いる最も一般的な改良法です。

改良機で地盤を掘削し直径60cm程の穴をあけセメントミルクを注入し基礎を支える円柱状の柱を造ります。建物の不同沈下防止に有効な地盤改良法です。

❸小口径鋼管杭工法（しょうこうけいこうかんくいこうほう）

軟弱地盤が深く地表から30m程度まで可能です。地中深くの良好地盤まで鋼管杭を打ち込み建物基礎を支えます。軟弱地盤の多い海岸や河川沿いの土地、不同沈下した土地の改良法としても用いられます。

健康被害を及ぼす土壌汚染！

土壌汚染と健康被害

土地トラブルの代表格には、地中埋設物、軟弱地盤、そして「**土壌汚染**」があります。

土壌汚染とは、土の中に特定有害物質に指定された物質が存在している状態です。土壌汚染はそのまま放置しておくと、その土地を所有する人だけでなく、近隣住民にまで健康被害が及ぶ危険性があります。

2002年に制定された「**土壌汚染対策法**」では、ヒ素、ホウ素、フッ素など**26種類の特定有害物質が指定**され、有害物質の製造、使用、処理をする施設（**有害物質使用特定施設**）となる工場や事業所の使用を廃止する時は、環境大臣の指定する調査機関に土壌汚染の調査をさせて、その結果を都道府県知事に報告することが義務付けられています。

閉鎖した工場跡から土壌汚染が！

70坪ほどあるコインパーキングの売却を検討中の山田さん（68歳）は、収益用マンションの建築を希望する個人投資家の人から好条件を提示され迷わず売却を決意しました。

ところが、契約直前になって不動産業者より想定外の連絡が……。

山田様の土地ですが、過去の履歴を調査したところ**土壌汚染の可能性**があります。契約前に専門業者による調査をお願いできますか。

どっ土壌汚染!?　コインパーキングで使用しているだけなのに、どうして土壌汚染の疑いがあるんだね？

コインパーキングの前の建物の閉鎖謄本によると、工場がありましたよね？　役所でも調査すると山田さんの土地だけでなく周辺にも有害物質を使用していた工場の調査記録が出てきたんです。

父親が工場を閉鎖したのは40年も前のことだよ！　今さら土壌汚染なんてあり得るのか？　売却できなくなったらどうするんだよ！

山田さんがそう思うのも無理はありません。

土壌汚染の厄介なところは、工場から流れ出て土中に沁み込んだ汚染物質は時間の経過とともに消えてなくなることはなく、何十年もさかのぼり**過去一度でも工場などが存在していれば、有害物質に土壌が汚染されている危険性があるのです。**

山田さんのお父さんが工場を閉鎖したのは今から約 40 年前。**土壌汚染対策法の施行前**であるため、閉鎖時に土壌汚染の調査や報告がなされていません。

不動産業者から指摘がなく、売買契約後に土壌汚染の事実が確認された場合、売主である山田さんは「有害物質に汚染された土地」を売却したという理由で、買主に対する**契約不適合責任**を負う可能性が高くなります。

汚染した**土壌の除染作業**はもちろん、目的物の価値が大幅に下がるようであれば**売買代金の減額請求**を受ける可能性もあります。

そして何より、買主や近隣住民に対する健康被害の危険性を考えると、契約前に必ず土壌汚染の調査を実施し、しかるべき措置をとるのが適切な判断と言えます。調査の結果、土壌汚染が認められても土地が取引できないわけではありません。

調査結果を踏まえ、**土壌汚染の事実と売主としての責任**（除染作業など）を明確に示した上で、**適切な売却条件**（価格、引渡し状態など）を買主との間で取り決めることができれば、トラブルに発展する危険性は確実に軽減できます。

土壌汚染に関しては、どのような手順で調査するのですか？

まず役所の環境課で対象地が、土壌汚染対策法の指定区域*にあるかどうかや有害物質使用の有無を調査します。また、下水道課で地下水の水質汚染の記録を調べることができます。

注意すべきなのは、工場で使用されていた場合だけでしょうか？

特にガソリンスタンドは土壌汚染対策法の特定施設に指定されておらず、土壌汚染調査が義務付けされていないので特に慎重な調査が必要です。

- **土壌汚染対策法の指定区域とは**

土壌汚染対策法の指定区域には、次の2つの区域があります。

形質変更時要届出区域
土壌汚染はあるが、健康被害が生ずる危険性がないと判断された区域

要措置区域
土壌中の特定有害物質により健康被害の危険性があると判断された区域

POINT

❶ **土壌汚染対策法の指定区域**に該当するか、対象地及び周辺地域の土壌汚染調査の記録を確認する。

❷ **工場やガソリンスタンドの跡地**の場合、必ず事前に土壌汚染調査を実施する。

❸ **土壌汚染調査**の結果を踏まえ、土壌汚染の有無、汚染の程度、売主による責任の範囲を明確にして契約条件（売買価格、引き渡し状態など）を取り決める。

不適合擁壁(ようへき)の最大のリスク

なめたらアカン！
擁壁は単なる外構の一部じゃない！

土地や一戸建の購入を検討する際に、盲点となるのが「**擁壁**(ようへき)」の存在です。

擁壁とは、傾斜地や高低差のある土地、**切土**(きりど)*や**盛土**(もりど)*で高さの異なる地盤面を造成する場合に土砂崩れが起こらないよう設置される構造物です。代表的なものにコンクリート擁壁やブロック擁壁、石積み擁壁などがあります。

擁壁を単なる外構の一部のようなイメージで捉えている人が意外と多いのですが、実際に擁壁を造る場合には、複数の法令や自治体の条例（がけ条例）などで**許可基準や構造計算など技術基準**が明確に定められているのです。

例えば、**建築基準法**では、高さ２ｍを超える擁壁を設置する場合は、建築確認申請の対象と定められており、許可を受けなければ工事に着手できません。

- **切土とは**

斜面地を平らにする目的で、土壌を削り取り地面を低くすること。

- **盛土とは**

斜面地を平らにする目的で、土を盛り地面を高くすること。切土と比較し地盤強度が低いのが特徴です。

また、切土や盛土など**宅地造成***に伴う擁壁の設置基準や技術基準（構造、材質など）を定め、災害防止のための規制を行っているのが**宅地造成等規制法***です。

無許可で設置された擁壁や技術基準を満たさない**不適合擁壁**の場合、不同沈下や土砂災害による建物の倒壊、最悪は生命の危険にさらされます。

また、擁壁全体を造り直さなければ建物の再建築が許可されず、数百万から数千万という膨大な出費となることも珍しくありません。

● **宅地造成とは**

森林や山林、農地などを建物が建てられる宅地に転換したり、沼地を埋め立て建築用地を造り出すなど、土地の形質を変更すること。

● **宅地造成等規制法とは**

宅地造成を伴う工事などについて必要な規制を定めた法律。崖崩れや土砂の流出が生じやすい区域を宅地造成工事規制区域に指定し、許可が必要となる工事内容を規定しています。

宅地造成工事規制区域内の古い擁壁には注意！

今回登場する吉田さん（63歳）も擁壁に対する知識がなかったために、想定外の負担を負うことになった１人です。

吉田さんは、知人の紹介で郊外にある古家付土地を購入しました。

都会に比べると少し不便な場所ですが、定年退職後ののんびりとした生活を夢見ていた吉田さんにとっては理想的な物件でした。敷地は広く、建物を建替えれば自分好みの理想的な生活空間が創れる。

そして何と言っても、**古く味わいのある石積みの擁壁**が購入の決定打となりました。

しかし、購入から３カ月後、建物の設計を依頼した建築士から１本の電話が……。

吉田さん、役所で調査したのですが、擁壁をすべて造り直すことになりそうです。この土地はもともと盛土で造成され、1.5mほど土が盛られているんです。**宅地造成工事規制区域内**にあるため**役所の許可と擁壁の設置が必要**です。

盛土？　宅地造成……？　擁壁だったら今の擁壁で十分じゃないか！　あの石積みがとても気に入ってるんだよ！

それが構造とか材質とか必要とされる基準を満たしていないんです。今の擁壁のままでは危険性が高いため建て替えできません。造成、擁壁の設置となると建築の全体的な見直し必要になりそうです。

そっそんな〜。退職金を使い切ってしまうよ（涙）。

吉田さんは不動産業者に依頼せず、知人の紹介で物件を購入しました。擁壁に関する専門知識や宅地造成工事規制区域の指定など、特に**重要な情報を確かめることなく専門家に相談せずに取引を進めてしまった**のが最大の問題点です。

吉田さんが購入された土地は**宅地造成工事規制区域内**にあり、切土や盛土などを伴う宅地造成工事に関し**許可制度**が設けられています。

■ 宅地造成工事規制区域内で許可が必要な工事

❶ 切土で高さが2m超の崖を生ずる工事
❷ 盛土で高さが1m超の崖を生ずる工事
❸ 切土と盛土を同時に行う場合、盛土で1m以下の崖を生じ、かつ、切土と盛土を合わせて高さが2m超の崖を生ずる工事
❹ 崖の高さに関係なく、切土と盛土を行う面積が500㎡超の工事

※「崖」とは、水平面に対する地表面の角度が30度を超えるものを言います。

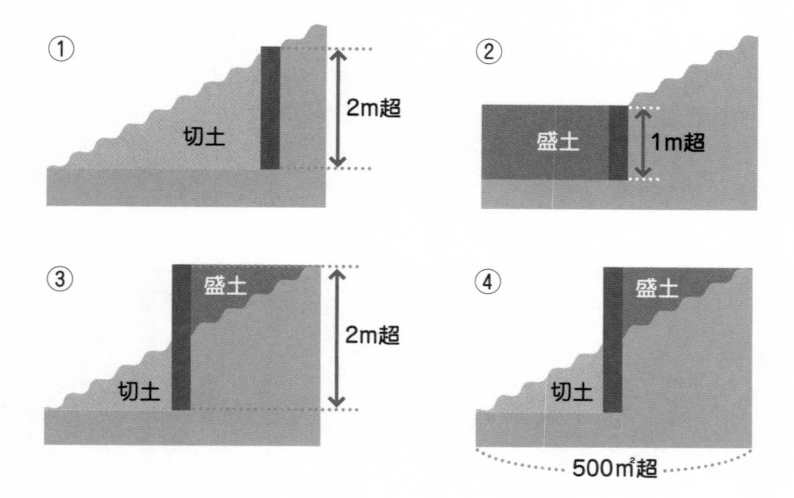

宅地造成工事規制区域内の土地や擁壁の所有者や管理者、占有者は、その土地が常時安全な状態となるよう努めることが必要です。

都道府県知事が災害防止のため必要と認めた場合、擁壁の設置や改造、盛土の改良など**改善命令を下す**ことがあります。

土地や既存の住宅に擁壁が設置されている場合、法律が定める許可基準や技術基準に適合しているかどうかを役所の担当部署で確認することが重要です。

特に、吉田さんのケースのように**宅地造成工事規制区域内の物件の場合、宅地造成工事、擁壁の設置などが基準に適合していることを証明する「検査済証」を確認する**ことが最大のポイントとなります。

POINT

❶ **宅地造成工事規制区域内の物件**は必ず「**検査済証**」の有無を確認する。

❷ **2m超の擁壁**は**建築確認申請の対象**。法で定められた構造や強度などを満たしているか必ず確認する。

❸ 各自治体の条例（**がけ条例**）の擁壁設置に関する規制内容を必ず確認する。

Column

擁壁はココをチェック！

宅地造成等規制法に定める擁壁の技術基準の1つに**「水抜き穴」の設置規定**があります。水抜き穴とは、集中豪雨などによる含水量の増加、土圧や水圧増大による擁壁の倒壊を防ぐために設けられた穴で、擁壁の**壁面3㎡以内ごとに、内径7.5㎝以上の水抜き穴が、少なくとも1個は必要**とされています。

こんな擁壁は危険！！ □にチェック✓しよう！

□水抜き穴がない
□水抜き穴の内径が小さい
□水抜き穴から流れる水が変色
□水抜き穴の中に泥や雑草、コケ
□水抜き穴が破損
□壁面の湿り、変色、コケ
□壁面のクラック、破損
□壁面の膨張、目地の広がりやズレ

縄伸び？ 縄縮み？ 登記簿面積を鵜呑みにするな

同じ土地でも面積が違う!?

土地の取引形態には、大きく「**公簿売買**」と「**実測売買**」があります。

公簿売買とは、土地の**登記記録**（**登記簿謄本**）に記載された面積（**公簿面積**）で売買契約を行い、実際に隣地や道路との境界を確定した上で、**測量した面積（実測面積）との間に面積の差異が生じても売買代金増減の清算は行わない**という取引形態です。

一方、**実測売買**とは、物件の引渡し、所有権移転までに実測を行い、契約時に定めた清算基準面積（通常は公簿面積）と清算単価（㎡単価）により、**差異が生じた面積分に関し売買当事者間で清算を行う**という契約形態です。

実測売買の場合、考えていた面積よりも大きい小さいという誤差を残代金授受までに確認し合って清算するのが前提であるため、物件引渡し後のトラブルに発展するケースは稀だと言えますが、問題は公簿売買のケースです。

公簿面積と実測面積が大きく異なり、トラブルに巻き込まれるケースは決して珍しくはなく、今回、トラブルに巻き込まれた山中さん（39歳）もその1人です。

時は江戸時代、「検地」に測量の起源あり

この前買った土地、実測したら20㎡も少なかったぞ！　どうしてくれるんだ！

そう仰られても、公簿面積と実測面積との差が生じてもお互いに異議申し立てをせず、売買代金の増減清算は行わないものと取り決めてますから……。

120㎡の土地で20㎡の差は大きすぎるよ！　登記簿の面積だから安心してたんだ。これじゃ予定していた家が建たないよ。

山中さん

不動産業者

契約前にご説明しましたが、隣地所有者と売主の仲が悪く、境界確定に協力的じゃなかったんですよ。だから、この土地は一度も測量したことがないんです。

公簿面積よりも実測面積が大きくなることを「縄伸び」、山中さんのように**公簿面積よりも実測面積が小さくなることを「縄縮み」**といいますが、全国的には農地や山林を中心に「縄伸び」が多く見られます。

時は江戸時代の検地にさかのぼります。

税金を年貢で納めていたこの時代には、長く伸びた縄を使って実際よりも農地を小さく測量していました。

もちろん、年貢を低く抑えるためです。また、日当たりが悪く農作物の収穫率が低い部分を考慮する「**陰引き**」や農地内にある石塚や池などを除外する「**抜歩**」といった工夫もなされていたようです。

その後、明治時代になって年貢が廃止され、地租改正により土地に税金が掛けられることになりましたが、現代と比較すると測量技術は未熟であり精度は決して高いものではありませんでした。

江戸時代の検地帳や地租改正を経た土地台帳が、現在の登記記録に引き継がれているという歴史的背景を読み解くと、縄伸びや縄縮みが起こる原因が理解できます。

公簿売買はホントに危険か？

山中さんのケースを見ていると、公簿売買はたいへんリスクが大きく、デメリットしかないように感じます。

しかし、実際には以下の２点を考えた上で選択すれば、公簿売買のメリットである取引期間の短縮と諸費用（測量費用）の圧縮につながります。

❶ 法務局に地積測量図は存在するか ⇒（なし）リスク有り（縄伸び、縄縮み）
❷ 地積測量図の作成時期は何年前か ⇒（古い）リスク有り（誤差、状況変化）

具体的には、**法務局**＊に据え置かれている**地積測量図**（79 ページ）の作成時期が新しく、境界標の位置、道路や隣地との接面長などが現況と一致しているようであれば、公簿面積の信頼性は増し、引渡し後のリスクは限りなく軽減できるわけです。

山中さんの場合、縄縮みによる深刻な問題を抱えることになってしまった原因は、**地積測量図が存在しないのにも関わらず公簿売買を選択**し、**公簿面積を鵜呑みにして新築プランを検討**してしまったことにあります。

売主が隣地所有者と不仲であり境界トラブル中であれば、購入後に同様のトラブルに巻き込まれる危険性が高くなるため、公簿売買での取引は避けるべきでしょう。

それでも、対象地を購入したいのであれば、**土地家屋調査士に依頼**し、**現況測量**だけでも行っておけば、少なくとも 20㎡という誤差は契約前に発見することができたはずです。公簿売買は選択の見極めが重要なのです。

● **法務局とは**

地方における法務関係業務を行う法務省の機関で、登記、戸籍、国籍、供託及び公証に関する事務処理を行っています。

POINT

❶ 地積測量図が存在しないか作成時期が古い場合は、土地家屋調査士に依頼し**現況の測量**だけは必ず行う。
❷ 売主と隣地所有者が**境界トラブル中の物件**は、公簿売買では取引しない。
❸ 公簿面積だけを鵜呑みにして、余裕のない新築プランを検討しない。

Column

法務局で取得できる図面3点セット

法務局では、土地、建物の登記簿謄本のほか、物件調査に役立つ3種類の図面が取得できます。

❶ 公図

土地の形状や範囲、道路や水路との位置関係を示した図面で、「**地番**」という**登記上の所在地**で記載されています。歴史的には、もともと明治時代に徴税を目的に作成された図面であり、土地の形状や範囲を示す上では重要な書類ですが、地積測量図や建物図面と比較し正確性という点においては劣ります。

❷ 地積測量図

土地家屋調査士が土地を測量し作成した図面で、筆界点の座標値をもとに土地の面積が計算され（座標法)、**登記簿謄本（土地）の「地積」**に反映されます。

作成時期が新しく、間口、奥行き、境界標の位置などが現況と一致していれば問題ありませんが、地積測量図が存在しない場合や作成時期が古い場合は注意が必要です。

❸ 建物図面、各階平面図

土地家屋調査士が建物を測量し作成した図面で、**登記簿謄本（建物）の「床面積」**に反映されます。敷地に対する建物の配置、各階の床面積、形状などが、現況と一致しているかを確認します。

地積測量図と同様、古い建物は図面が存在しなかったり、作成時期が古い場合、増改築などにより現況と一致しない場合があるため注意が必要です。

ブロック塀は誰のもの？

土地トラブルNo.1は境界トラブル

土地にまつわるトラブルNo.1と言えば、何と言っても**境界**です。

道路や隣地に対し、自らの土地の所有権が及ぶ範囲を示すものですから、わずかな誤差でもトラブルになるのは当然です。

境界を示す**境界標**（金属標、コンクリート杭、プラスチック杭、石杭など）が現地で確認でき、土地家屋調査士の作成した**地積測量図**と一致していれば問題は起こりません。

しかし、現地で境界標が確認できなかったり、地積測量図が存在しない、あるいは地積測量図の作成時期が古い場合などは慎重な判断が必要となります。

特に、隣地との間にブロック塀やフェンスなど**工作物がある場合**は、境界線の位置とともに、工作物の所有者は誰であるか、所有者間で取り交わした書面（合意書など）はあるのかといったことが問題になります。

ブロック塀は誰が造ったの？

石山さん（35歳）も、**公簿売買**（76ページ）でブロック塀に関わる境界トラブルに巻き込まれた1人です。

先日購入した物件だけど、お隣さんが境界はブロック塀の中心だと言ってるんだ！　ブロック塀の外側だと言ってたじゃないか！

売主さんは境界の外側だと仰ってましたし、公簿取引ですから……。

公簿取引だからといって、いい加減な説明をされたら困るじゃないか！　もし、お隣さんの言うとおりなら土地も狭くなるし、新築のプランも見直さないといけないぞ！

石山さんのお怒りはごもっとも。境界やブロック塀など工作物の所有者の確認、トラブルの有無の確認などは、不動産業者が重要事項説明で買主に説明すべき調査項目です。

本件の場合、隣地所有者の説明通りブロック塀の中心線が境界であれば、ブロック塀は**❶隣接する土地所有者間の共有**、**❷いずれかの土地所有者の単独所有**という２パターンが考えられます。

❶の場合、ブロック塀はお隣同士の共有物となるため、勝手に取り壊したり、改築することができません。

経年劣化や自然災害による損傷に対する修復や改築の費用負担などに関し、書面による取り交わしが必要になります。

❷の場合、境界がブロック塀の中心線であれば、ブロック塀の一部が隣地に越境していることになります。

その場合、ブロック塀の設置時期が境界確定の前であるか後であるかによっても所有者間の合意内容が変わってきます。

いずれにせよ、越境の事実の確認どともに、ブロック塀の移設時期（改築時など）を前提に話し合いの上、書面の取り交わしを行うことになります。

ちなみに、ブロック塀の所有権に関し、お隣同士の言い分が食い違ったり、売却や相続などで何度も代替わりしたことにより、詳細が不明である場合、**民法上の規定**が話し合いを行う上での参考になります。

【民法第229条】（境界標等の共有の推定）

境界線上に設けた境界標、囲障、障壁、溝及び堀は、相隣者の共有に属するものと推定する。

土地売買は境界確定が必須条件

石山さんのように境界トラブルに巻き込まれないためには、**売主の立場における境界確定が必須条件です**。

引渡しまでの時間や費用面、売主側の諸事情などにより公簿売買で取引する場合でも、最低限、以下の確認項目を調査した上で慎重に判断しましょう。

■境界に関する確認項目

❶ 公図、地積測量図など土地に関する関係書類の取得
❷ 現地における境界標の有無の確認
❸ ブロック塀など工作物の有無、所有者の確認（隣地所有者へのヒヤリング）
❹ 境界や工作物に関する取り交わし書面の有無（隣地所有者へのヒヤリング）
❺ 境界トラブルの有無（隣地所有者へのヒヤリング）

POINT

❶ 土地取引は、**実測取引または売主の立場における境界確定を条件**とする。

❷ 地積測量図が存在しない、あるいは作成時期が古いものは鵜呑みにしない。

❸ 境界標の有無、工作物の有無と所有者、トラブルの有無を必ず確認する。

給排水管がお邪魔していませんか？

本当の曲者は「目視できない越境」です

土地や一戸建の取引で無視できないのが隣地や道路との境界の**越境トラブル**です。

一般的に境界越境というと、ブロック塀、出窓、排気ダクト、エアコン室外機など目線の高さのものと、屋根、庇、雨樋、上空を走る電線など目線より少し高い位置にあるものがイメージされます。つまり「目視できる越境」です。

しかし、境界越境にはもう１つ厄介のものがあります。それが**地中に埋設された給水管、排水管など「目視できない越境」**です。

給水管や排水管といった地中埋設管は、前面道路側の本管から敷地内に引き込みされているのが一般的です。

なかには隣接する他人地を経由して敷地内に引き込まれていることがあります。狭小地や建物が密集した区画などでよく見られるケースです。

今回登場する大久保さん（47 歳）は、新築着工目前にして「目視できる越境」と「目視できない越境」に頭を悩ませています。

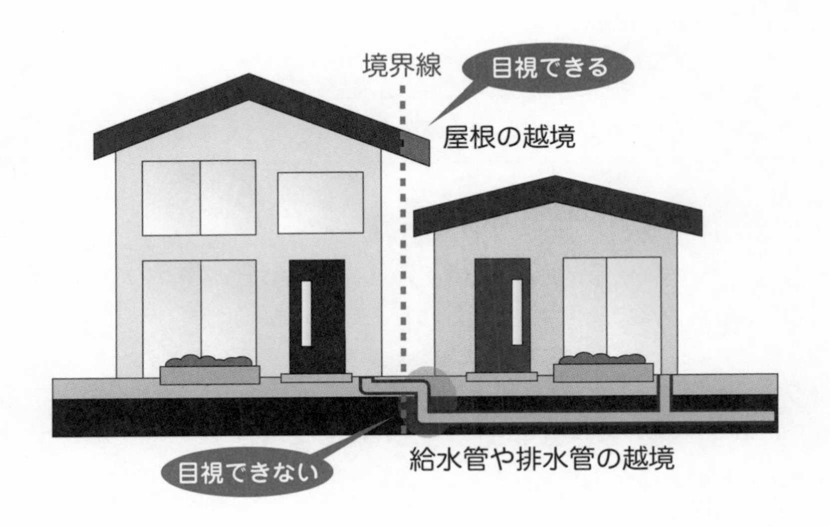

土の中から排水管がこんにちは！

大久保さんは、両親から相続した実家を売却すべきか、建て替えるべきか悩んでいました。

決して広くはありませんが、幼い頃からの想い出がいっぱい詰まった実家を売却することに抵抗感もあり、古くなった家を建て替えて家族で移り住むことを決意しました。

新築プランの打ち合わせも大詰め、いよいよ着工という矢先、担当の建築士から１本の電話が……。

大久保さん、建物の解体中に地中からお隣りの排水管が出てきました。境界線沿いギリギリのところなんで、少し避ければ建物は建築できると思いますが。

屋根の越境は知ってたけど、排水管のことは全然聞いたことないよ。境界を越境してるんだったらお隣さんに移設してもらえないのかなぁ。

現場の状況から考えると、下水道が整備された時に、お隣の排水管は大久保さんの土地を経由しないと本管に接続できなかったんでしょうね。移設は難しいと思いますが……。

大久保さんの実家は、隣地の屋根が越境している状態でしたが、古くからお付き合いのあるお隣さんとの関係を考え、ご両親が長年放置していたのです。

しかし、境界越境の放置は決して好ましくありません。

大久保さんのように**相続による代替わりや売却による所有者変更を機に、境界トラブルが泥沼化**する可能性があるからです。

越境の事実を知りながら長年放置していると、暗黙のうちに越境を承諾しているものと見られても仕方がないわけです。

地中の越境の解決法は？

書面で越境を確認し合う

越境の程度が特に支障がないようであれば、越境部分をすぐに切除するよう相手方に求めるのではなく、越境の事実を互いに確認し合い、将来、相手方が建替えや改築などを行う際に**越境部分を境界内に収める旨を記した書面**を交わし合うのも方法です。

また、合意内容は、相続や売却などにより所有者が変更した場合も新たな所有者に対して承継する旨を書き添えることが重要です。

地中埋設管の越境の場合

次に**地中埋設管の越境**ですが、**排水管**の場合、**下水道法第１１条**の規定に基づいて設置されている場合、**越境しているからといって移設や撤去を容易に求められるわけではありません。**

建築士の説明にもあるように「境界線沿いギリギリ」という大久保邸にとって比較的影響の少ない場所に埋設されているとなればなおさらです。

下水道が整備された時期と違って、他人地を経由しなくても容易に本管に接続できる状況にあり、お互いの費用負担も踏まえ相手方が移設を承諾すれば別ですが、引込当時と状況が変わっていないようであれば、大久保さんは排水管の埋設を受忍しなければならないことになります。

【下水道法第11条第1項】（排水に関する受忍義務等）

（前略）他人の土地又は排水設備を使用しなければ下水を公共下水道に流入させることが困難であるときは、他人の土地に排水設備を設置し、又は他人の設置した排水設備を使用することができる。この場合においては、他人の土地又は排水設備にとって最も損害の少ない場所又は箇所及び方法を選ばなければならない。

給水管の越境の場合

ちなみに、**給水管の越境**の場合はどうでしょう。

訴訟など法的手続きにより移設や撤去を求めるのでなければ、越境の経緯や埋設状況を踏まえて**当事者間で話合いにより解決**することになります。

埋設位置が特に支障がなければ、給水管を避けて建物を建築することもありますが、経年劣化による給水管の破裂や漏水事故などの危険性を考えると、時間をかけても相手方に移設に協力してもらうことが適切です。

相手方の越境だからと言って、全額相手方の費用負担でと固執せず、相手方との円滑な関係や将来的な安全面なども考慮し、**柔軟な姿勢で話し合いましょう**。

地中埋設管のような「目視できない越境」も「目視できる越境」同様に、互いに境界越境の事実を確認し合い、将来的な処置に関して書面化して合意しておくことが何より大切です。

POINT

❶ **越境は絶対に放置しない**。所有者変更によりトラブル勃発もあり得る。

❷ 越境の事実の確認とともに、将来的な対処法など必ず**書面化**しておく。

❸ 費用面だけでなく、相手方との関係や将来的な安全面も考慮し、柔軟な姿勢で問題解決をはかる。

Column

境界トラブルには「筆界（ひっかい）特定制度」

筆界特定制度とは、法務局の**筆界特定登記官**が、外部の専門家である**筆界調査委員**の意見を踏まえ、現地における土地の筆界の位置を特定する制度で、2006年の不動産登記法の改正により導入されました。

筆界特定は、新たな筆界を決めるものではなく、対象地が登記された時の筆界を、実地調査や測量などを行い、明らかにするのが特徴です。

それまで、境界を巡る紛争は裁判（境界確定訴訟）によるほか解決手段がありませんでしたが、この制度の導入により、裁判よりも費用負担が少なく、早期解決を図れるようになりました。

敷地と道路の落とし穴

01 まさかの再建築不可！ 道路と通路は別物です！
02 セットバックで計画通りの家が建たない
03 後悔したくない！ 旗竿地の盲点！
04 あきらめない！ 未接道でも家は建つ!?
05 敷地と道路の間に「またぎ地」が？
06 「側溝」それとも「水路」？
07 道路を利用するのに通行許可？

まさかの再建築不可！
道路と通路は別物です！

不動産の価値は接する道路で決まります！

「**不動産の価値は道路付けで決まる！**」

これは不動産業界で働く人はもちろん、これからマイホームの購入や売却を検討されるすべての人に覚えておいてほしい必須の知識です。

「**道路付け**」とは住宅を建てる**敷地とそれに面する前面の道路の位置関係**を言い、「**接道条件**」とも言われます。

不動産業界では、道路幅が広く整備され、敷地の間口がゆったりと広い物件を「道路付けのいい物件」と呼びます。銀行が**不動産の担保評価を試算する際の最初に注目するポイント**になります。

敷地内に「**建物を建築できるのか**」という前提で定められた法令上の制限が建築基準法第 43 条の「**接道義務**」です。

接道義務とは、「**建築物の敷地は、幅員 4m 以上の建築基準法上の道路に 2m 以上接していなければならない**」とする定めです。

この条件を充たさない土地には新たに建物を建築できません。

また、既に建物が存在している場合、建替えはもちろん、増改築も制限されるため、著しく土地の評価が下がってしまいます。

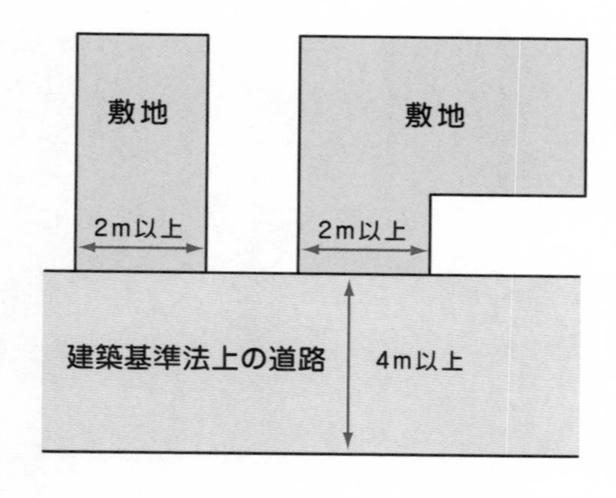

不動産情報でよく目にする「**再建築不可物件**」の多くは、この接道義務を満たしていない敷地です。

また、**敷地が一定の角地の場合、建蔽率（敷地面積に対する建築面積の割合）が緩和されること**（27ページ）や、**前面道路の幅員による容積率（敷地面積に対する延床面積の割合）の制限**（31ページ）など、建築可能な建物の「広さ」や「大きさ」を定める法令上の制限には、敷地と敷地に接する道路の条件が大きくかかわっています。

不動産業者に再建築不可の物件を紹介された

西山さん（42歳）は、最近、一戸建を探し始めましたが、不動産に関する専門知識はほとんどありません。

最近、自宅近くの不動産業者に紹介されたある1軒の不動産に強い興味を持ち始めていました。

土地約15坪、築40年の一戸建、800万円と破格の値段の物件です。

池田先生、この物件どうでしょうか？　掘り出し物らしいのですが……。

この物件は**接道義務を充たしていない**ので、将来、建替えができないですね。

家の建替えできないんですか！　まったく価値がない土地ってことですか？

建替えだけでなく**増改築も制限**されます。無価値とは言いませんが、将来的な有効活用が制限されてしまう物件なので極端に安い価格なんですね。

西山さんが興味を持った物件は、**接道義務を充たさない再建築ができない物件**だったので、格安の物件として売りに出ていました。

敷地が接する道路は、接道義務の条件である「**建築基準法上の道路**」ではなく、人の行き来だけが可能な約 2.5 ｍほどの **「通路」としての扱い**になってしまいます。

対象地の接する道路が建築基準法上の道路であるかどうかは、役所の**建築指導課**や**道路課**に行って調査することができます。

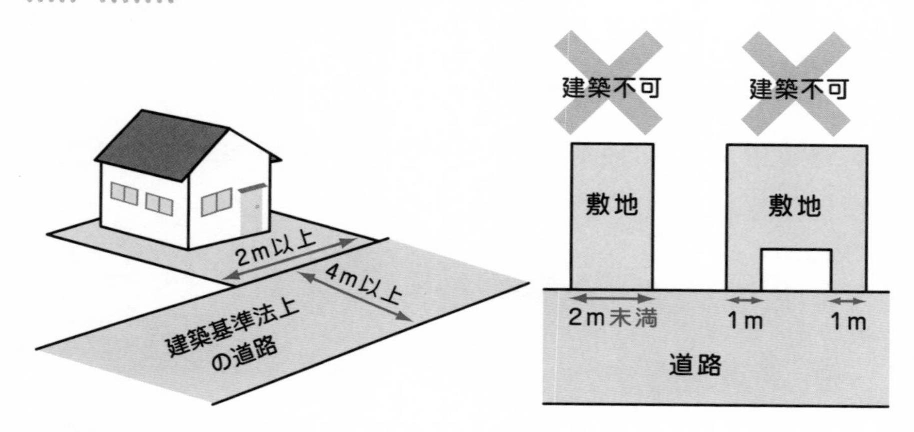

建築基準法上の道路には、大きく次の 6 種類があり、それに該当しない道路に接する敷地に建物は建築、再建築できません。

【建築基準法上の道路】

❶ 42条1項1号（道路法による道路）
国道、都道府県道、市区町村道で幅員４ｍ以上の道路

❷ 42条1項2号（2号道路）
都市計画事業、土地区画整理事業などによって築造された幅員４ｍ以上の道路

❸ 42条1項3号（既存道路）
建築基準法施行時に既に存在した幅員４ｍ以上の道路（公道・私道とも）

❹ 42条1項4号（計画道路）
都市計画法、土地区画整理法などで2年以内に事業が行われるものとして、特定行政庁が指定した幅員４ｍ以上の道路

❺ 42条1項5号（位置指定道路）
宅地造成と並行して造られた一定基準に適合する私道で、特定行政庁から位置の指定を受けた幅員４ｍ以上の道路

❻ 42条２項（２項道路）
建築基準法施行時に既に建築物が建ち並んでいた幅員1.8ｍ以上４ｍ未満の道路で特定行政庁が指定したもの

調査の結果、**建築基準法上の道路でない場合や、道路に接する土地の間口が２m以上なければ接道義務を充たしていません。**

また、人が生活する場所は、火災や事故が起こった時や家を建て替える時などに、消防車や救急車、工事用車両などがスムーズに通行できる道路幅と間口を常に確保することが接道義務の大前提となります。

高速道路など**自動車専用道路や里道などは建築基準法上の道路には該当しないため注意が必要**です。

なお、現地を確認する際、対象地が次のいずれかに当てはまる場合は、接道義務を充たしていないかもしれません。

役所における慎重な調査が必要になります。

ⓘ 現地での確認ポイント

❶ 道路幅員が４m未満、もしくは土地の間口が２m未満である
❷ 舗装など道路整備が行き届いておらず劣化や損傷が激しい
❸ 同じ道路に面する複数の家で、建替えされた家が見当たらない
❹ 同じ道路に面する複数の家で、車庫のある家が見当たらない

POINT

❶ 対象地が建築基準法の**接道義務**を充たしているかがキーポイント。
❷ 対象地の道路が**建築基準法上の道路**に該当するかを役所で調査する。
❸ **再建築不可物件**には安易に手を出さない。管理責任も考えた上での慎重な判断が必要。

セットバックで計画通りの家が建たない

道路幅４ｍ未満でも家は建ちます！

建築基準法第43条では、「**幅員４ｍ以上の建築基準法上の道路に２ｍ以上接していないと建物は建たない**」という接道義務が定められています。

一方、道路幅員４ｍ未満であっても、一定の要件を充たすことで建築を可能とする42条２項（**２項道路**）という道路があります（90ページ）。

建築基準法が施行された1950年（昭和25年）以前の住宅などでは、幅員４ｍ未満の狭い道路に面している場合も多く、**43条（接道義務）の規定通りでは再建築できない物件が膨大な数となり、多大な影響**が生じてしまいます。

そこで救済措置として、建築基準法施行時に既に建物が建ち並んでいた幅員1.8ｍ以上４ｍ未満の道路で特定行政庁（28ページ）が指定したものについては、建築基準法上の道路として認めたのです（２項道路）。

ですが、「なんだ～４ｍ未満でも大丈夫じゃないか！」と安心してはいけません。

２項道路はセットバックして建築しないといけない

２項道路の場合、**道路中心線から２ｍ後退した線**を道路境界線とみなし、建築しなければならないと定められており、これを**道路後退（セットバック）**と言います。

ただし、道路の向かい側が川や崖地、線路敷きなどがありセットバックできない場合は、向かい側の道路境界線から４ｍのセットバックが必要となります。

道路中心線からの後退を「**中心後退**」、向い側の道路境界線からの後退を「**片側後退**」と言います。

狭い道でもセットバックによって４ｍ幅を確保することを条件に建築を認めましょうという救済措置です。

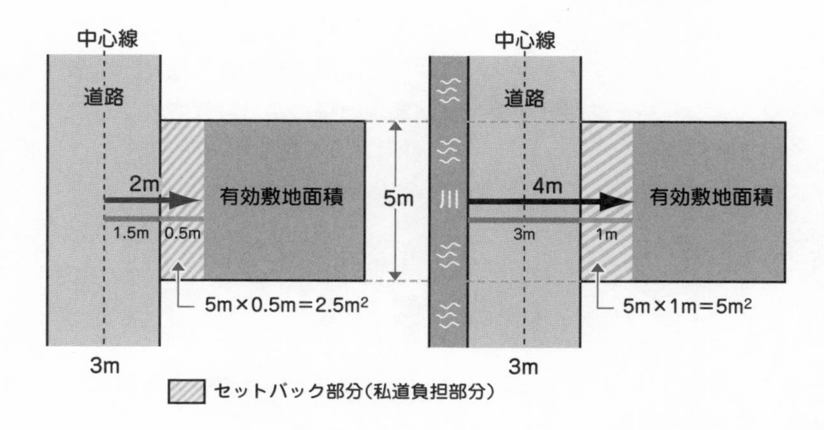

セットバック部分は道路扱い！

古井さん夫妻は、**2項道路**と**セットバック**の意味合いを十分に理解しないまま土地を購入してしまいました。

古井さん、新築のプラン図を作成してきました。予定していたものより少し小さいプランになりましたけど。

建蔽率80％、容積率200％ならもう少し面積が取れるはずですよね？

片側後退が必要なのでいろいろ工夫してもこれが目一杯です。

セットバックは分かるけど、もっと道路境界線ギリギリまで家を広げてもいいんじゃない？

古井さんが購入した土地の前面道路は４ｍ未満の２項道路です。
セットバック部分は道路（**私道負担部分** *）であるため、家だけでなく門や塀なども建築できないことは理解していました。

しかし、家の広さや大きさなどを決める**建蔽率や容積率など建築基準法上の制限が、セットバック部分を除く**有効敷地面積により計算されることまでは考えていませんでした。

古井さんが不動産業者から説明を受けた重要事項説明書にも、

（1）セットバックが必要になること
（2）セットバックによる私道負担部分の概算面積

までは記載されていましたが、肝心な「**セットバック後に建築可能な建物の建築面積や延床面積**」に関する説明はありませんでした。

では、実際に古井さんが購入した土地の場合で計算してみましょう。

【古井さんの土地】土地100㎡、間口10m、建蔽率80%、容積率200%

（a）セットバックが不要の場合
（建築面積）100㎡×80%＝80㎡（延床面積）100㎡×200%＝200㎡
（b）セットバック（中心後退）の場合（前面道路３m）
セットバック部分：10m×0.5m＝5㎡、有効敷地面積：100㎡－5㎡＝95㎡
（建築面積）95㎡×80%＝76㎡（延床面積）95㎡×200%＝190㎡
（c）セットバック（片側後退）の場合（前面道路３m）**※古井さんのケース**
セットバック部分：10m×1m＝10㎡、有効敷地面積：100㎡－10㎡＝90㎡
（建築面積）90㎡×80%＝72㎡（延床面積）90㎡×200%＝180㎡

このように、セットバックが必要でない場合と必要な場合とでは、建築できる建物の広さや大きさに大きな差が出てしまいます。

特に片側後退の場合、中心後退と比較しても利用できる有効敷地面積が更に小さくなることが分かります。

現地調査の際、道路向かい側が川や崖地、線路敷きなどセットバックできない状況でないかは、よく確認する必要があります。

また、**中心後退の場合、注意が必要になるのが中心線の位置です。道路中心線の取り方によって後退すべき距離に違いが生じる**からです。

例えば、道路向い側の区画が既にセットバック済みであれば、現況の道路の中心からのセットバックではなく、向かい側の区画がセットバックを行う前の道路中心線を特定することが必要になります。

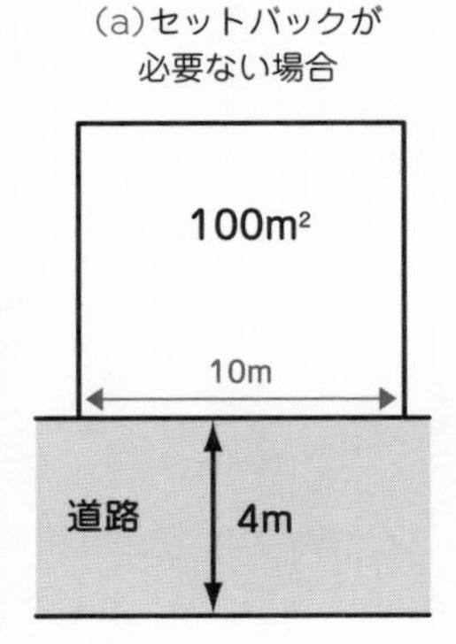

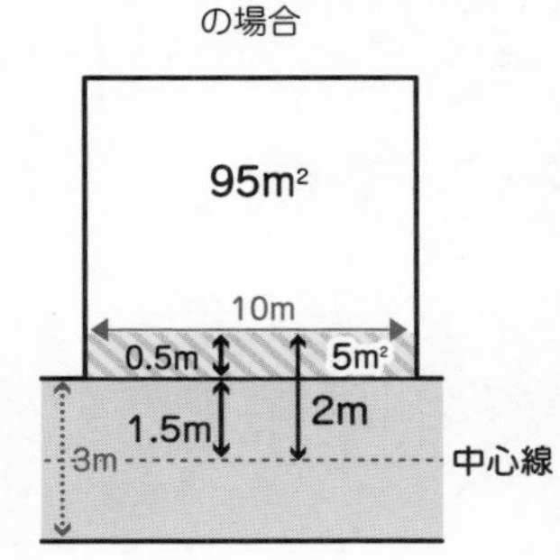

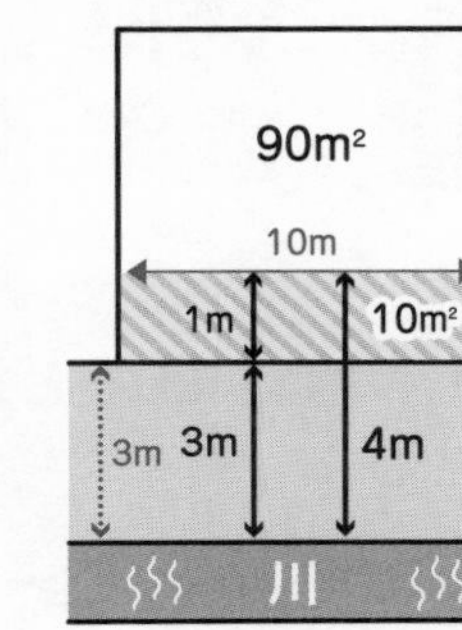

道路中心線に関しては、役所の建築指導課や道路課で調査することが可能です。

また、道路上に**中心線を示す鋲**や**セットバック済みを示すプレート**が設置されていることもあるので、現地調査の際、注意深く確認しましょう。

- **私道負担部分とは**

敷地内に含まれる道路(私道)部分のこと。所有権はあるが扱いは道路です。

POINT

❶ **2項道路**の場合、**中心後退か片側後退かを特定**することが重要である。

❷ 中心後退の場合、**中心線の位置が重要**。役所と現地で注意深く調査する。

❸ **セットバック後の有効敷地面積**を基に建築可能な新築プランを作成する。

後悔したくない！旗竿地(はたざおち)の盲点！

旗竿地は間口と路地状部分がポイント！

道路後退（セットバック）とともに注意すべき案件の１つに**旗竿地**(はたざおち)（路地状敷地）があります。

旗竿地とは、道路に接する間口から細長く伸びた敷地の先にある奥まった土地のことです。旗竿のような形状からこのように呼ばれています。

間口と奥行きのバランスの取れた整形地と比較すると、形状がいびつで評価が低いのが特徴ですが、自転車やバイクの駐輪スペースなど設計上の工夫次第で路地状部分も有効に活用できます。

旗竿地の場合、接道部分だけでなく**路地状部分のすべての幅員が 2m 以上必要となります。**仮に間口が２ｍ以上でも路地状部分の一部でも２ｍ未満の箇所があれば接道義務を充たしていないことになるのです。

●旗竿地と接道義務

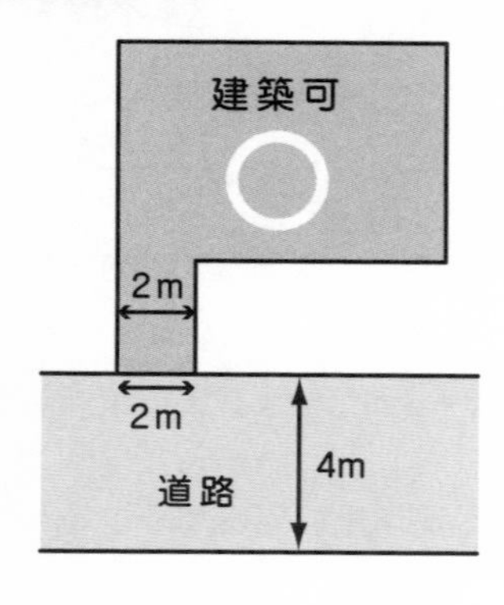

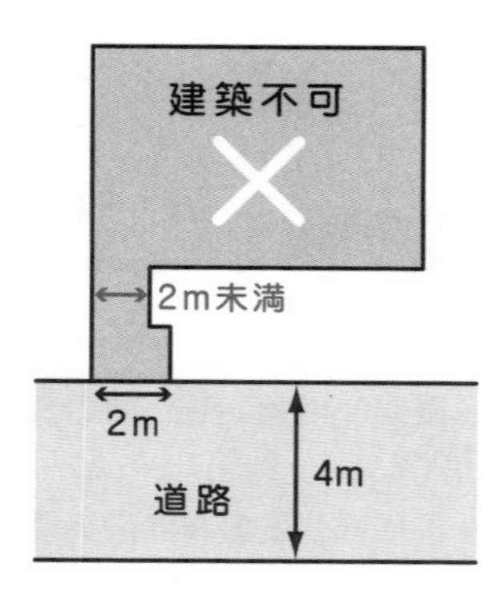

地方公共団体の条例は必ずチェックする

初めてのマイホームを購入する谷村さんご夫婦は、都内にある複数の物件を検討した結果、１軒の古家付の旗竿地が最終候補となりました。

路地状部分のある旗竿地なら小さい子供さんが飛び出す心配もなく、予算的にも余裕を持って購入できる点が気に入ったようです。

池田先生、建築士からこの旗竿地は建築不可だと言われたのですが、どうしてでしょうか？

谷村さん（妻）

池田先生

間口も路地状部分も2.5m幅。路地状部分の長さはどれくらいありますか？

現地で計ったら12～13m位ありましたけど……それが何か……。

谷村さん（夫）

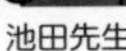

池田先生

おそらく、それが原因ですね。

地方自治体の基準に注意

建築基準法の制限である道路に接する**間口２m以上、路地状部分の幅２m以上**は、旗竿地における**建築要件の最低基準**となります。

旗竿地は道路への通路部分が狭く、火災や災害発生時に緊急車両が入れないなど危険性が高くなるため、**地方公共団体が安全確保を目的に、建築基準法の制限に付加するかたちで建築安全条例や建築基準条例における基準を設けてい**

るのです。

例えば、**東京都建築安全条例**では、**路地状部分の長さが 20 mを超える場合、間口、路地状部分とも３m以上必要**とされています。

谷村さんの購入した地域では、**建築基準条例**で**路地状部分の長さが 10 mを超える場合、間口、路地状部分とも３m以上必要**という更に厳しい基準が定められており、最終的に再建築不可と判断された原因であることがわかりました。

地方公共団体によっては、建物用途に応じた接道要件を設けているところもあります。

建築基準法の制限を充たしていても、建築安全条例や建築基準条例の基準に適合せず、建築不可と判断されるケースがあるため特に注意が必要です。

旗竿地の購入は慎重な判断を！

建築基準法、地方公共団体の建築安全条例や建築基準条例以外に、旗竿地の購入に際し必ず理解しておくべきポイントをまとめてみました。

■旗竿地の特徴と注意点

❶ 建築用車両や重機による建築資材の搬入が難しく、職人が手作業で行うことになる。必然的に人件費が高額となり、解体費や建築費が割高になる。

❷ 路地状部分が狭く長いため、ライフラインの整備費用が割高になる。

❸ 路地状部分へのカーポート設置は隣地とのトラブルのもと。駐車スペースを確保するなら路地状部分は最低でも３m程度は確保する。

❹ 隣接地の建物に取り囲まれるため、建物内の陽当たり、風通しは悪くなる。

POINT

❶ 旗竿地では道路に接する間口、**路地状部分の幅が2m以上必要**である。

❷ **地方公共団体の条例の基準**（路地状部分の長さなど）は必ず確認する。

❸ 旗竿地の特徴を十分に理解した上での資金計画や建築計画を検討する。

あきらめない！未接道でも家は建つ!?

未接道でも建築できる場合がある！

沢田さん（48歳）は、両親から**相続した住宅の売却**を検討していました。

相続時に相談した不動産業者から、**接道義務を充たさない再建築不可の物件**では買い手は付かないと説明され諦めていましたが、友人から建築可能なケースもあると聞き、私のところに相談に来られたのです。

池田先生、道路に接していない土地でも家を建築できる場合があるとお聞きしたのですが本当ですか？

確かに要件をクリアすれば建築できる可能性はありますが、沢田さんの物件の周りには広い空地とかありますか？

土地の周りを公園に囲まれてますが……

なるほど！　ちょうどいい機会だから、一緒に調査してみましょう！

土地に建物を建て有効活用するには、建築基準法で定める接道義務を充たすことが必須条件です。

では、建築基準法上の道路に接道していない土地はすべて建築不可なのでしょうか？

その答えは、「原則は建築不可ですが、**一定の要件を充たせば建築できる**」です。

建築基準法第43条第2項第2号の「**許可制度**」という救済措置があります。

これは、**接道義務は充たしていないが、特定行政庁が交通上、安全上、防火上及び衛生上支障がないと認め、**建築審査会＊の同意**が得られた場合は建築が認められるという許可制度**です。

沢田さんの物件を現地で確認すると、見た目には普通の道路（通路）に接し、周囲は大きな公園に囲まれています。

道路に関して役所の道路課で調べたところ、確かに建築基準法上の道路でないことが分かりました。

次に、建築指導課で現在の建物の建築確認申請時の内容を調査したところ、当時、43条但し書き（現在の43条第2項第2号）の許可制度を利用して建築を行っていることが確認できました。

許可制度を利用するためには、建物が次のいずれかに該当していることが必要です。

【43条第2項第2号の許可制度の基準】

❶ 敷地の周囲に公園・緑地・広場などの広い空地がある
❷ 敷地が農道や類する公共の道（幅員4ｍ以上のもの）に2ｍ以上接している
❸ 敷地が建築物の用途、規模、位置、構造に応じて、避難および安全のために十分な幅員を有する道路に通ずるものに有効に接している

● 43条第2項第2号

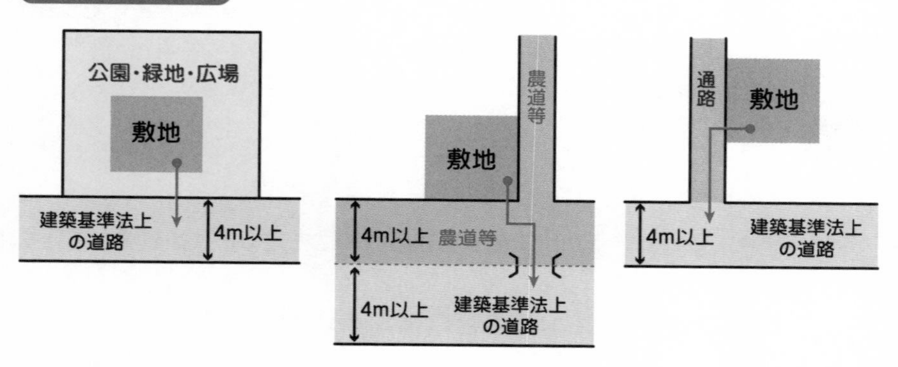

安全性が確保できれば希望あり！

なんだ～　この許可制度を利用すれば建築可能なんですね！　安心しました！

沢田さん、一度許可を得れば将来的にも建築可能と約束されたわけではないんですよ。

えっ！　そうなんですか？　同じ物件なのに不思議ですね……。

建築基準法第 42 条第 2 号第 2 項の許可制度は、あくまでも**接道義務の緩和措置**です。

申請地を取り巻く環境も時代とともに変化するため、建築許可も永続的なものではなく、**原則は建築の都度、許可を得る必要があります。**

簡単に言うと、「申請してみないと分からない」ということになります。

それでは申請者が不安定な立場となるため、2018 年に建築基準法が改正され、**あらかじめ特定行政庁が定める許可基準に適合すれば、建築審査会 * の許可が不要**となりました。

これを建築基準法第43条第2項第1号の「**認定制度**」といい、国土交通省令で定める次の何れかに該当することが必要です。

なお、特定行政庁が定める許可基準は、特定行政庁ごとに異なるため、事前に管轄の窓口での確認が必要になります。

- **建築審査会とは**

建築基準法に基づき、特定行政庁である都道府県、建築主事が置かれる市町村に設置される行政機関。建築許可が必要な案件に対する審議や可否の判断、不服申し立てなどの審査請求に対する議決、建築基準法の施行に対する審議などを行います。法律、経済、建築、都市計画、公衆衛生または行政に関して、優れた知識と経験を有する者で構成されます。43条2項2号(43条但し書き)許可には、建築審査会の同意が必要です。

【43条第1項第1号の認定制度の基準】

❶ 幅員4m以上の農道や類する公共の道、あるいは建築基準法施行令第144条の4第1項に挙げる基準に適合する道(所有者や管理者の承諾が得られたもの)に2m以上接していること

❷ 建築物の用途および規模に関する基準は、延べ面積200㎡以内の一戸建の住宅であること

沢田さんの物件は、道路状況や周辺環境など常に安全な状況が確保されており、地方公共団体の許可基準に該当することが確認できました。

未接道の土地であっても、許可制度や認定制度による建築ができないものか確認してみることが大切です。

POINT

❶ 未接道でも**建築基準法第43条第2項の救済措置**が利用できる可能性がある。

❷ **特定行政庁の定める許可基準**に適合すれば建築審査会の許可が不要となる。

❸ 特定行政庁の定める許可基準に適合しない場合、個別審査の上、**建築審査会の同意**を得ることが必要。

敷地と道路の間に「またぎ地」が？

「またぎ地」って何？

ここで１つ「**またぎ地**」と呼ばれるケースをご紹介しましょう。

●またぎ地

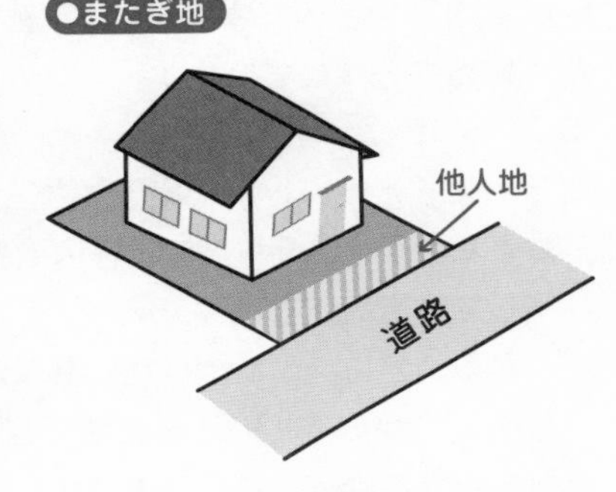

「またぎ地」とは、その名の通り、敷地と道路との間に第三者の土地があり、他人地を通らないと家と外を行き来できない状態の土地です。

現地で見る限り特に不自然でない普通の状態ですが、法務局で**公図**や**登記記録**を確認してその事実が分かるのが一般的です。

このような状態が生じる原因は様々ですが、建売住宅の分譲会社が敷地の一部を名義変更せずに放置してしまっているケースをよく目にします。

分譲会社が倒産していて連絡が取れないとなるとさらに深刻です。

第三者名義の土地でも私道（110ページ）の一部として道路部分に含まれているのであれば未接道状態は免れますが、問題となるのは、**「またぎ地」により対象地が未接道になってしまう**ことです。

このような「またぎ地」ばかりを専門に買い取り、高額で土地所有者に売り付ける悪質業者がいたほどです。

また、都市計画事業による自治体の土地買取りに協力した3軒が、その後の都市計画道路（53ページ）の計画廃止により未接道状態に陥ってしまったという案件もありました。

「またぎ地」は買取り可否の見極めが重要！

飲食店経営者の石本さん（53歳）は、1年後に現在の店舗が立退きとなるため移転先を探しています。半年かけて物件を探してきましたが理想の物件と出会えません。

そんなある日、1件の**競売物件**＊が目に留まりました。

最寄駅から10分程度で現在の店舗の移転先として無理のない距離です。

同じ飲食店の入居物件で改装すれば短期間で営業できそうです。

しかし、気になったのは**売却基準価格**＊です。

競売ですから落札できる金額でないのは理解できますが、素人目に見ても評価が低すぎるように感じたのです。

石本さんは、物件にはたいへん興味がありましたが、競売の入札経験もなく具体的な手続きも分からないため、友人の不動産業者に相談することにしました。

- **競売物件とは**

所有者（債務者）がローンの返済を滞り、金融機関（債権者）の申し立てにより、裁判所が差し押えを行い、入札方式により売却処分する土地や建物。市場流通価格の7割から8割程度という低価格で売却される案件が多くなります。

- **売却基準価格とは**

評価人の評価に基づく競売不動産の価格。従来の最低売却価格に相当するもの。

この競売情報どう思う？　とても興味があるんだけど。

石本さん

3点セットは読んでみた？　物件明細書、現況調査報告書、評価書の3点だよ。

友人の
不動産業者

石本さんは、友人の不動産業者と一緒に３点セットを確認したところ、売却基準価格が低すぎる理由が分かったのです。

土地と道路との間に第三者の所有する土地が紛れ込んでいたのです。これが「**またぎ地**」です。

現状のままでは建築基準法に定める接道義務を充たしていません。仮に競落できたとしても、「またぎ地」の所有者と交渉し買い取りできなければ再建築ができない状態です。

改装だけ行いお店を営業するにしても、いつ「またぎ地」の所有者が現れトラブルになるか分かりません。

結局、石本さんは、友人と相談して入札を諦めることにしました。

仮に「またぎ地」となっている物件でも、しっかりとした不動産業者の斡旋で「またぎ地」買取りの可否を見極めた上で、購入手続きを進めるのであれば、後日のトラブルの危険性は軽減できます。

「またぎ地」所有者の死亡や倒産などで連絡や相談が困難なケースや、直感的に「怪しいなぁ～」と感じるケースは手を出さないのが得策です。

今回の石本さんの判断は適切であったと言えるでしょう！

POINT

❶ 対象地が**道路に接しているか**、公図、登記記録などで必ず確認する。

❷「またぎ地」は再建築不可であれば、**手を出さないのが得策**である。

❸「またぎ地」**買取り可否の見極め**が重要。必ず取引前に確認を行う。

「側溝」それとも「水路」？

「側溝」は道路の幅に含まれる？

敷地と道路との関係で、見落としてはならないのが**側溝と水路**です。

側溝は、道路や通路、線路と並行に設けられた**排水のための溝**で、雨水が道路上に溜まることなく、スムーズに流れるように緩やかな勾配をとって設置されています。

側溝調査の重要ポイントは、その形状（**U字溝とL字溝**）と、側溝が**道路区域**＊に含まれるかどうかの確認です。

形状は現地で視認できますが、道路区域との関係は役所の道路課で調査することができます。

原則としては、側溝部分は道路区域に含まれます。しかし自治体によって側溝の取扱いが異なるため、役所の窓口で調査する際は、「**道路区域に含まれるのか**」「**道路幅員に含まれるのか**」を確認することが重要です。

役所で管理する**道路台帳**には、路線ごとに側溝を含む道路区域や道路幅員を示す断面図などの記載があるため、現地の状況と違いがないかチェックしましょう。

●側溝と道路の関係

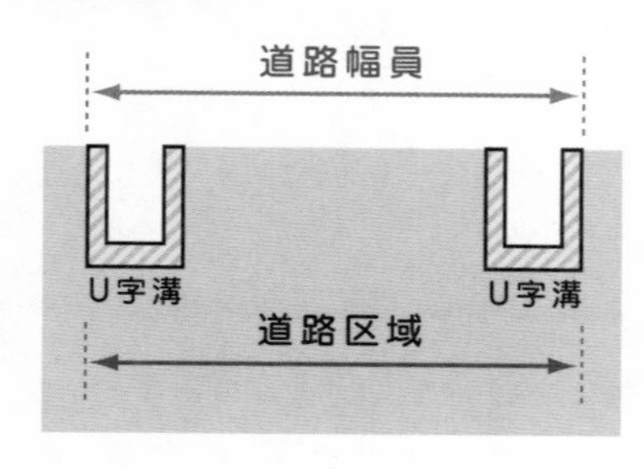

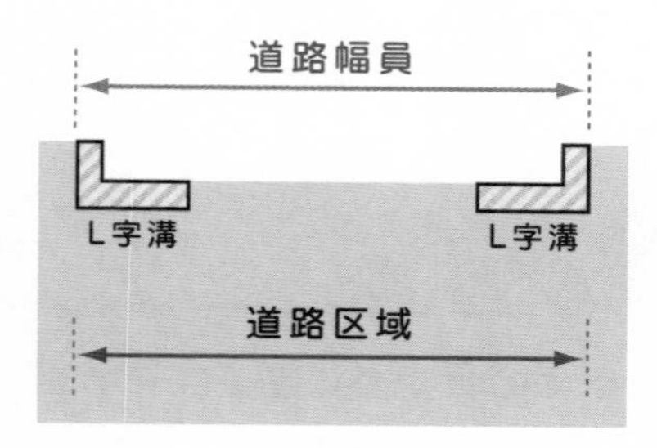

用語

● 道路区域とは（道路幅員との違いは？）

道路法に定める「道路」を構成する土地の範囲。つまり「道路の範囲」です。

本当の曲者は「水路」です！

敷地と道路との間に水路がある場合は、特に注意が必要です。

水路とは、人工的に作られた水の通り道です。田畑を潤すための灌漑用水路や排泄用水路、ため池などを総称してこのように呼びます。

水路は道路区域に含まれないという点で、側溝と大きく異なります。

水路や里道などは**法定外公共物**＊とされ、市町村が管理しています。

敷地と道路の間に水路があり、水路部分は道路区域には含まれず、建築基準法上の道路ではないと自治体が判断すると、**敷地は未接道状態となり建築物を建てづらくなります。**

ただし、**敷地と道路の間に水路がある場合でも、水路上に架け橋を設置し、市町村の水路の占用許可を申請することによって、建物が建築できる場合があります。**

このケースも、「接道義務を充たすための条件」とみなすか「43条第2項第2号（43条但し書き）の要件」とみなすかは、自治体により判断が異なるため慎重に確認する必要があります。

- **法定外公共物とは**

道路や河川は公共物ですが、道路法や河川法の適用を受けない公共物です。
水路や里道、ため池などが該当し、現在は市町村が管理。

聞いてないよ～「水路の占用許可」「占用料」

水路に面する一戸建の購入を検討する山口さん（37歳）からの相談です。

不動産業者からは「架け橋があるから大丈夫」と説明を受けましたが、最終的な結論を出される前に私のところに相談に来られました。

池田先生、この物件、水路上に架け橋もあるし大丈夫ですよね？

無許可で橋を設置しているケースもあるので注意が必要です。**占用料は確認されましたか？**

許可が必要なんですか？　不動産業者から占用料の説明はなかったです。

水路上の架け橋の設置や横断に関しては水路の占用許可が必要ですが、なかには無許可で橋を設置しているケースも珍しくありません。

水路の占用料も市町村により異なり、無料で許可している自治体もあれば、無許可で設置された架け橋が多く、占用料の徴収を強化している自治体もあります。

占用料の有無も重要ですが、無許可で橋が設置されているということであれば、建物を建築する際の要件次第では、最悪、再建築が認められないという可能性も考えられます。

自治体に確認したところ、山口さんが検討中の物件も、無許可で橋を設置されており、現在の所有者は占用料も納めていないことが分かりました。

水路に面する物件を検討する場合、

---

❶ 建築時の要件
❷ 水路の占用許可
❸ 占用料の有無

などを、必ず担当窓口で確認し慎重に判断することが必要です。

●水路と道路と敷地の関係

占用許可が必要！
水路
橋
道路

 水路の調査は公図から！

水路の調査には**法務局備え付けの公図**が有効です。

以前は水路は青色、里道は赤色で表示されていましたが、現在は水路は「水」、里道は「道」と表示されています。

特に、地上部にあり蓋などで覆われていない水路「**開渠**（かいきょ）」なら確認しやすいのですが、地下に埋設されている水路「**暗渠**（あんきょ）」の場合、現地で見ても水路だと気付かないことがあるため、公図での確認が重要なのです。

POINT

❶ **側溝**がある場合、道路区域、道路幅員を必ず役所の**道路課で確認**する。

❷ 水路がある場合、建築時の要件、**水路の占用許可、占用料の有無**を確認する。

❸ 水路の有無は、現地確認だけでなく**公図でのチェックが有効**である。

Column

知らないと損！ 私道は非課税!?

国道や県道、市町村道などの公道と違って、私道は個人（法人）の所有する不動産であるため、原則は固定資産税の課税対象です。しかし、**「公共の用に供する道路」としての要件を充たすことで非課税扱い**となります。

「公共の用に供する道路」とは、私道所有者が利用上の制約を設けず、常に不特定の人が利用できる状態にあり、客観的に道路として認められる形態（舗装など）を整えているものを言い、セットバックによる私道負担部分も該当します。

私道が「公共の用に供する道路」として認定されるには、市町村（東京23区は都）に対する「固定資産税に係る非課税申告」が必要になります。

固定資産税の納税通知書（課税明細書）に記載された資産の区分、課税標準額、固定資産税相当税額を確認してみましょう。

道路を利用するのに通行許可？

道路には公道と私道がある

道路には、**国や地方公共団体が所有し管理する「公道」**と、**個人や法人が所有し管理する「私道」**があります。

公　道	道路に接する不動産の所有者や居住者だけでなく、道路交通法などルールを守ることで誰でも自由に利用できます。日常の維持管理から経年劣化や災害などによる復旧工事まですべて国や地方公共団体が行います。
私　道	日常清掃や損傷箇所の復旧工事などすべて私道所有者の責任においてが行うことが必要になります。「通行」という道路としての役割はあるものの、所有者の権利が重んじられ、道路を「誰が」「どのように」利用できるのかといった内容に対して、所有者が一定の制限を設けることができます。

私道は「通行・掘削承諾書」が必要？

野々村さんご夫婦は、年老いた母親と同居するため、５年前に購入したばかりの一戸建の売却を検討中です。

賃貸で貸すことも考えてはみたものの、管理面の不安や煩わしさもあり、思い切って売却することを決意しました。

ところが、自宅の査定を依頼した不動産業者のある一言が原因で夫婦喧嘩に……。

不動産業者

私道の場合、他の道路所有者全員の通行・掘削承諾書が必要になりますね。

承諾書って何ですか？　購入した時の不動産業者からは聞いてませんが……

野々村さん（夫）

しっかりしてよ！　用意しておかないと売却が不利になるって、先日、池田先生からもアドバイスされたところでしょ！

まぁまぁ落ち着いてください。これから準備していきましょう。

「**通行・掘削承諾書**」とは何でしょうか。

その具体的な説明に入る前に、私道の所有権（持分）に関する代表的な３つのケースについて説明しましょう。

【私道の所有権に関する3つのケース】

CASE❶ 私道全体を第三者（１名または複数）が所有しており、対象地の所有者が私道部分に対する所有権（持分）を持っていない。

CASE❷ 対象地の前面に分筆された私道部分を所有する。所有する分筆後の私道部分が対象地前ではなく飛び地になっているケースもあります。

CASE❸ 私道全体を私道所有者全員が共有する。各々の所有者に持分がある。

●私道のパターン

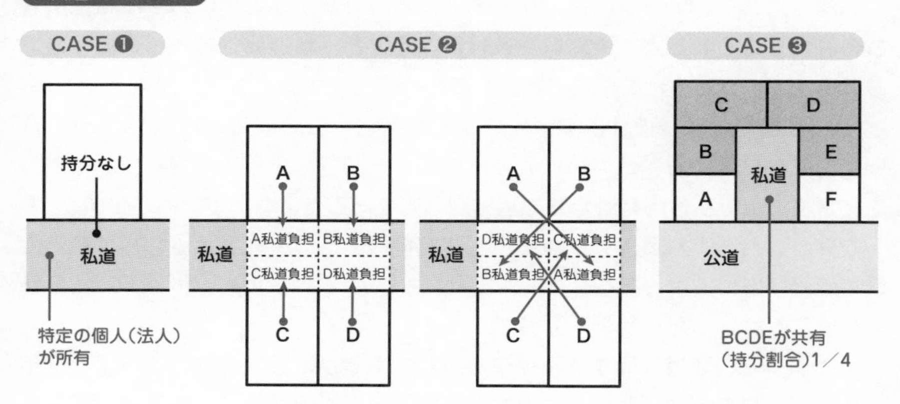

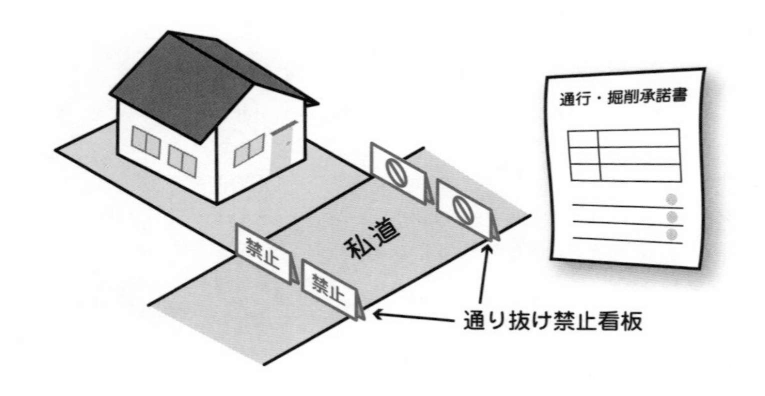

私道に接する物件で、最も問題になるのがCASE ❶の**私道に対して持分を持たないケース**です。

この場合、対象地の住人は**第三者の所有する私道部分を自由に通行したり、許可なく道路部分を掘削して上下水道やガス管などを引込みすることはできません。**

新築工事であれば、私道所有者の承諾が得られない、所有者が複数の場合、１名でも同意が得られなければ、下水道等ライフライン引込みに伴う掘削工事ができないという最悪の状況に陥ります。

また、私道所有者の承諾が得られる場合でも、多額の承諾料や通行料を要求されるケースも珍しくありません。

私道に対して持分を持たないケースでは、**通行および掘削に対する私道所有者の許可**が得られるか、**承諾料や通行料**は必要か、**私道部分の一部買取り**ができないかといった内容を事前に調査しておくことが重要です。

CASE ❷の分筆後の私道部分を所有するケースとCASE ❸の私道部分の持分があるケースでも、他の所有者の私道部分を通行したり、共有物である道路を掘削する上で私道所有者全員の承諾が必要である点においては同じです。

しかし、自らも私道部分に対する権利を持ち、他の所有者と協力して道路の維持管理に努める責任ある立場にある点において、権利や持分のないCASE ❶のケースとはまったく異なります。

このように、**私道に面する不動産を所有する者が、日常の通行、ライフラインの引込工事などに伴う掘削に対する私道所有者や他の所有者の承諾、同意を得ておくための書類が「通行・掘削承諾書」となります。**

野々村さんご夫婦のように、私道に面する不動産を売却する場合、私道所有者全員から「通行・掘削承諾書」を得ることを条件とするケースが多く、私道持分がなく私道所有者の承諾が得られていない場合や買主側で承諾を得ることを条件に売却する場合は、購入後の買主のリスクを考慮した価格設定になります。

一概には言えませんが、承諾書が取得できている場合と比較すると、60～70％程度の評価になるのが一般的です。

ただ、私道に対する権利、持分を持つ❷番や❸番のケースの場合、通行や掘削に対するルールを取り決め、協力し合うことの重要性を他の私道所有者に説明することで、ことのほかスムーズに承諾が得られるものです。

野々村さんの場合は❷番のケースでしたが、売却を依頼した不動産業者と協力して、根気よく他の私道所有者宅を訪問、結果的に約 1 か月で全 12 名の「通行・掘削承諾書」を取り揃えることができました。

自宅の売却も希望通りの条件で成約することができ、以前のように仲の良いご夫婦に戻れたとのことです（笑）

私道の調査の仕方を覚えよう！

対象地の面する道路が公道か私道であるかを調査する方法は、次の通りです。

❶ 役所の道路課で道路の種別を確認する
❷ 法務局で公図を取得し、道路部分の登記事項を確認する

甲区欄に記載のある所有名義人が国や地方公共団体ではなく、個人や法人名であれば私道との判断になります。

POINT

❶ 役所の道路課、法務局で公図、登記事項を取得し**道路種別を確認**する。
❷ 私道の場合、対象地の**私道部分に対する権利、持分の有無を確認**する。
❸ 私道の場合、不動産の売却・購入には**通行・掘削承諾書が必須**である。

Column

いよいよスタート！「相続土地国庫帰属制度」

不要な相続土地を国が引き取ってくれる「相続土地国庫帰属制度」が令和5年4月27日にスタートしました。これまでは、相続時に活用することのない不要な土地があっても、すべてを相続するか、他の資産を含めすべてを相続放棄するかの選択しかなく、昨今、問題となっている相続登記がなされないまま放置される「所有者不明土地」増加の要因の1つになっていました。

相続土地を国庫に帰属させる制度の活用は、有効な相続対策の1つになるでしょう。

◎申請できる人

1.相続または相続人に対する遺贈によって土地を取得した人

※売買など相続以外の原因により土地を取得した人や、相続により土地を取得できない法人は対象外。

2.共有者

※共有者全員が共同して申請を行うことが必要。

◎制度を利用できない土地

1.却下事由（申請できない土地）

・建物がある土地
・担保権や使用収益権が設定されている土地
・他人の利用が予定されている土地
・土壌汚染されている土地
・境界が明らかでない土地・所有権の存否や範囲について争いがある土地

2.不承認事由（承認を受けることのできない土地）

・一定の勾配・高さの崖があって、管理に過分な費用・労力がかかる土地
・土地の管理・処分を阻害する有体物が地上にある土地
・土地の管理・処分のために、除去しなければいけない有体物が地下にある土地
・隣接する土地の所有者等と争訟によらなければ管理・処分ができない土地
・その他、通常の管理・処分に当たって過分の費用・労力がかかる土地

家が建たない！ 欠陥？ マイホームの落とし穴

大切なマイホームが不適格!?

確信犯はどっち？　既存不適格と違反建築

お客様のご自宅の建物は既存不適格建築物でした。売値も少し厳しくなりますよ。

不適格!?　しっ失礼な！　大手ハウスメーカーで建てた物件だぞ！（怒）

木下さん（46歳）を憤慨させた「**既存不適格建築物**」とは一体どのような物件でしょうか。

言葉から法基準に適合していないことは何となく分かりますが、「**違反建築物**」とは何が異なるのでしょうか。

既存不適格建築物とは、建物が建築された時点では、建築基準法やその他法令で定める基準を充たしていたものの、その後の**法改正により必要とされる基準に適合しなくなってしまった物件**です。

	建築時	現在
既存不適格建築物	○	×
違反建築物	×	×

■ 既存不適格建築物の例

- 用途地域の変更に伴う建蔽率・容積率・高さ制限オーバー
- 防火地域・準防火地域の変更に伴う耐火性能不適合
- 建築基準法改正に伴う耐震基準不適合

既存不適格建築物が増加する背景には、私たちの「**快適で安心安全な生活環境の保全**」を目的に、都市計画の見直しや多発する自然災害などによる法改正が繰り返し行われ、**既存の建物やその敷地が備える性能や状態が改正後の法令基準に適合しなくなってきている**ことにあります。

確信犯の違反建築物

一方、**「違反建築物」は建物の建築時より、建築基準法、その他法令で定められた基準を守らず施工された建築物**です。

建築確認申請後に法令に適合しない建物に変更したり、完了検査後に増改築を行い不適合となった物件のことであり、言うなれば「確信犯」となります。

違反建築物に対しては、特定行政庁も厳しい姿勢で対応しており、建築主や工事請負人、敷地所有者などに対し、工事の施工停止、建築物の除去、移転、改築、増築、模様替え、使用制限、使用禁止などの是正命令がなされます。

是正命令に従わない場合、3年以下の懲役または300万円以下の罰金に処せられることもあります（建築基準法第98条）。

●既存不適格建築物と違反建築物

既存不適格建築物

第1種住居地域 → 第1種低層住居専用地域

建蔽率 60% → 建蔽率 50%

容積率 200% → 容積率 150%

違反建築物

建蔽率 オーバー!!

容積率 オーバー!!

既存不適格建築物は売却できない？

木下さんの物件は、用途地域の変更に伴う**容積率オーバーにより既存不適格建築物と判断**されました。

建物を建築したときに第一種住居地域であった地域が、5年ほど前に第一種低層住居専用地域に変更され、それに伴い指定建蔽率60％が50％に、指定容積率200％が150％に変更されたのです。

その結果、建蔽率は大丈夫でしたが、容積率が約20％、面積にして約25㎡ほどオーバーしてしまったのです。

既存不適格になると売れないの？

木下さん

不動産業者

売却は可能です。ただ、購入者の住宅ローンや将来的な建替えに影響します。

そんな～　新築後に法令が変わるなんて想像もしてないよ……。

木下さん

木下さんの落胆するお気持ちはごもっともです。

建築時に適法だったご自宅が、ある日突然「不適格！」という烙印を押されたようで、やり切れないですね。

しかし、**既存不適格建築物の場合、違反建築物と違って違法性はない**ため、そのまま木下さんご自身が住み続ける上では特に問題はありません。

ただ、建物が老朽化し倒壊の危険性が高かったり、著しく不衛生で有害であると判断されると、特定行政庁に建築物の除去や修繕、使用制限などの是正命令を受ける可能性もあり、定期的なメンテナンスや計画的な修繕実施が必要です。

売却する場合でも、買手に対して既存不適格建築物である旨と不適格の内容、木下さんのご自宅の場合であれば、建替えを実施する際は（更なる法改正がなければ）延床面積が約25㎡程小さくなるという点を誤解のないよう説明し、互いに納得のいく契約条件（価格など）を取り決めることで、後日のトラブルを防止することも可能です。

ただし、**増改築、大規模修繕・模様替え**などを実施する場合、**緩和措置（建築基準法第86条の7*）**はあるものの、原則は建築物全体を現行規定に適合させる必要があります。

用途変更を実施する場合も、用途に応じた現行規定（技術基準など）に適合させることが必要であるため、買手の立場として制約があるのは事実です。

また、買手が購入時に利用する**住宅ローン**も、金融機関によっては既存不適格建築物を対象外とすることもあるので、**適法物件と比較すると評価額が低くなる**点は理解しておきましょう。

- **建築基準法第86条の7に基づく緩和規定とは**

既存不適格建築物における増改築などに関し、増改築部分が小規模の場合や構造上の危険性が増大しないことが確認できる場合などは、建物全体を現行法に適合させることなく、建築確認を受けて増改築などを実施することができます。

POINT

❶ 建替え目的以外では、**違反建築物の購入はできる限り避ける。**

❷ **既存不適格建築物**は増改築、大規模修繕・模様替え、用途変更に注意する。

❸ 既存不適格建築物は**住宅ローンの取り扱い金融機関が制限**される。

施工不良と欠陥住宅（その1）

マイホーム購入後1年、まさかの雨漏り！

池田先生、私の友人宅が購入後たった1年で雨漏りしてしまいました。欠陥住宅だったんですかね。何か家を買うのが怖くなってきました。

野口さん

池田先生

原因は色々考えられます。野口さんが家探しをする上でのチェックポイントを一緒に考えてみましょう。

野口さん（35歳）は、ご友人宅の雨漏りの件で相当ショックを受けている様子です。

雨漏りの原因は、屋根や外壁の経年劣化、地震による損傷、施工不良など様々です。

経年劣化や災害による損傷の場合、比較的、原因箇所の特定がしやすく修繕・復旧も十分可能です。深刻な問題となるのは、対象地が施工不良による「**欠陥住宅**」であった場合です。

欠陥住宅とは、建築基準法その他法令に定める基準を充たしておらず、**「安全性」を欠いた住宅**です。

主に「躯体（くたい）」と呼ばれる建物を支える骨組み部分（基礎、土台、壁、床、柱、梁など）や屋根やサッシなど雨水の侵入を防止する部分に欠陥があるケースを言い、壁紙や間仕切り壁など内装部分の不具合は、安全性に大きく影響しないため含まれません。

欠陥住宅が厄介なのは、不具合箇所が1箇所でないことも多く、原因の特定が難しいことと、対処が非常に大がかりになることです。

例えば、欠陥住宅の症状の1つである**建物の傾斜**（126ページ）の場合、原因が躯体の施工不良によるものなのか、軟弱地盤による不同沈下によるものなのか、その双方なのかによって対処方法や必要となる費用が大きく変わります。

根本的な原因が地質や地盤強度にあれば、建物の不良箇所をいくら修繕しても、必ず同じ状態に陥り、最悪の場合、建替えを余儀なくされることもあり得ます。

雨漏りは住宅被害No.1 ！

雨漏りは、屋根、外壁、ベランダやバルコニーなどで頻繁に起こります。

≪屋根からの雨漏り≫

屋根からの雨漏りといっても、いきなり屋根の中心部分から「ザー！」と雨水が落ちてくるわけではありません。

屋根の施工では、必ず「**水切り**」という**雨水の侵入を防止する補助材**を用います。

水切りは、雨水が侵入しやすい屋根と屋根の接合部、屋根と外壁の取り合い部、屋根の軒先の仕舞部分、屋根以外でも基礎と外壁、外壁と窓枠の接合部などに用いられます。

この**水切りの設置に伴う施工不良が雨漏りの原因**になることが数多く見られます。

水切りは板金や塩ビ鋼板など薄い金属性の部材でできているため、雨水により錆(さび)が発生すると簡単に穴が開いてしまいます。

●水切り

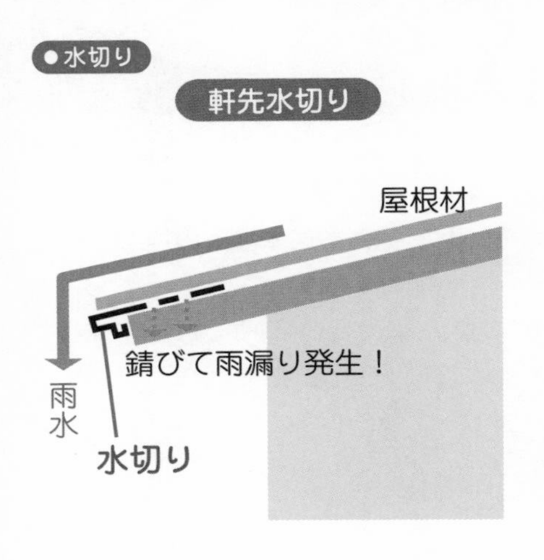

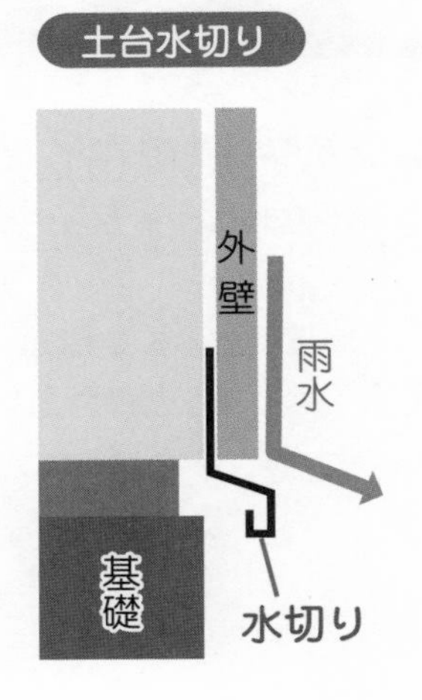

そのため、錆対策として「下塗り」「中塗り」「上塗り」の３工程で錆止塗装を行いますが、この工程を短縮したり、中抜きしたりといった手抜き作業が行われることによって、雨漏りの原因となる錆が発生してしまうのです。

≪外壁からの雨漏り≫

外壁からの雨漏りで多いのが、サイディングやタイルなど外壁材の目地部分、屋根と外壁の取り合い部、**外壁と窓枠の接合部のシーリング施工不良**です。

経年劣化による雨漏りの多くがこのシーリング部分が原因となっています。また、地震などによる外壁のひび割れ（クラック）が雨水の侵入口になることもあります。

外壁の場合、サイディングなど外壁材の下地に、雨水を遮断し結露を防止する「外壁用透湿防水シート」が敷き詰められています。

シーリング部分やひび割れ箇所から雨水が侵入しても、建物内への被害は最小限に抑えることが可能です。

この防水シートに連続性がなかったり、経年劣化が進んでいると、建物内に雨漏りの被害が及んでしまいます。

●外壁のクラック

●目地シーリング改修

≪ベランダからの雨漏り≫

ベランダやバルコニーからの雨漏りの多くは、**床面の防水塗装の施工不良**によるものです。

他には、腰壁と笠木の接合部、吹き出し窓との取り合い部、排水口（ドレン）周りの防水処理不良などが雨漏りの原因として挙げられます。

●ベランダ改修

●ベランダ改修

●雨漏りの原因となる箇所

うぁ〜やっぱり雨漏りは怖いし、家は買えないです（泣）。

野口さん

池田先生

雨漏りの原因をしっかりと理解して、現地におけるチェックポイントを押さえることでリスクは相当軽減できますよ！

野口さんが不安に感じるのも無理はありません。苦労して手に入れた大切なマイホームが雨漏りに遭ったらと想像してみるだけで、頭の中が真っ白になりそうです。

確かに建築の知識も経験もない一般の消費者が、建物の状態を完全に見極めるのは相当難しいことです。

まして、欠陥住宅であるかどうかの判断は素人では不可能に近いでしょう。
　しかし、購入を真剣に検討したい物件であれば、**専門家にインスペクション（既存住宅状況調査）*を依頼する**ことも可能ですし、**既存住宅売買瑕疵保険*の利用**も検討すべきです。
　また、物件内覧時の次に挙げるチェックポイントを押さえるだけでも、雨漏りのリスクは軽減できます。

ⓘ現地内覧時におけるチェックポイント

❶ 屋根裏の点検口や押入れ天井部に雨漏り痕や木部の腐食がないか確認する
❷ 屋根や外壁に設置された水切りに錆、穴、損傷などがないかを確認する
❸ 外壁にひび割れ（クラック）がないかを確認する
❹ ベランダ床面の防水層に剥がれやひび割れ、損傷箇所がないかを確認する
❺ ベランダの腰壁や笠木に劣化や損傷箇所がないかを確認する

● インスペクション（既存住宅状況調査）とは

既存住宅状況調査技術者（国の登録を受けた既存住宅状況調査技術者講習を修了した建築士）による既存住宅の構造耐力上主要な部分（柱、床、基礎など）と雨水の侵入を防止する部分（屋根、開口部、外壁など）を対象とした住宅診断。平成30年４月、宅建業者による媒介契約時、重要事項説明時、売買契約時における説明が義務化されました。

● 既存住宅売買瑕疵保険とは

既存住宅（中古住宅）の検査と保証がセットになった保険制度。専門の建築士による検査に合格することで加入することができ、物件購入後の欠陥、不具合箇所の補修費用などが支払われます。

POINT

❶ 代表的な**雨漏りの原因箇所**は、屋根、外壁、ベランダである。
❷ 現地における**雨漏りチェックポイント**を繰り返し点検する。
❸ **既存住宅状況調査**や**既存住宅売買瑕疵保険**の利用を検討する。

施工不良と欠陥住宅（その2）

雨漏り以外の欠陥住宅の症状にはどのようなものがありますか？

代表的な症状として、ひび割れ、建物の傾斜、結露があります。

危険信号「構造クラック」を見落とすな！

雨漏りの原因となる**ひび割れ（クラック）**は、特に注意すべき症状の１つです。

ひび割れでも、壁紙や間仕切り壁など内装部分の場合、**下地材の施工不良などが原因**として考えられますが、建物の安全性には大きく影響しません。

外壁部分でも、「**ヘアークラック**」と呼ばれる**幅0.3㎜未満**のひび割れの多くは、コンクリートなどの乾燥収縮によって生じるもので、深刻な問題ではありません。髪の毛ほどの細いひび割れであることから、このように呼ばれています。

モルタルの下塗り、中塗り、上塗りの各工程における工期短縮や中抜きによる手抜き作業が原因のヘアークラックもありますが、補修は可能です。

状況が悪化するほど長期間放置しなければ、安全性に影響することはありません。

問題は、外壁や基礎に縦ラインで入った**幅0.3㎜以上、深さ4㎜以上**の「**構造クラック**」と呼ばれるひび割れです。

構造クラックの場合、**建物の構造上の欠陥か不同沈下による建物の傾斜や歪み**が生じている可能性があります。

最悪の場合、大地震などで建物の倒壊につながる危険なひび割れであるため、自宅や購入検討中の物件で同様の症状を発見したら、専門家に相談することをお勧めします。

現地におけるチェックポイント

クラックスケールを準備し、外壁、基礎などのひび割れの有無、ひび割れの幅をチェックする。特に縦ラインのひび割れは要注意です！

●クラックスケールでひび割れ計測

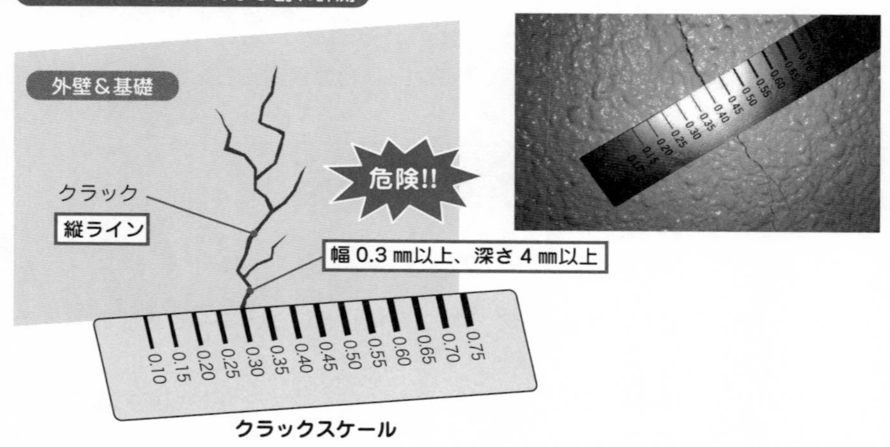

軟弱地盤とキケンな建物傾斜！

建物の傾斜や歪みは、雨漏りやひび割れ以上に発覚後の修繕が大がかりになります。大地震による建物の倒壊が起こる可能性もあり、生命にも及ぶ危険な症状です。

建物の傾斜や歪みの原因が老朽化や地震など自然災害によるものでなければ、**建物の構造上の欠陥**か**軟弱地盤による不同沈下**（66 ページ）の可能性が考えられます。

軟弱地盤の場合、基礎や地盤改良（68 ページ）に施工不良があれば、不同沈下による建物の傾斜や歪みが生じる危険性が高くなります。

その場合の症状としては、扉や窓の開閉に不具合が生じたり、壁や柱、梁との間に隙間ができたりします。

扉や窓を閉めていても、すきま風を感じるようであれば**建物の傾斜による隙間**ができているかもしれません。

床の傾斜は、水平器やビー玉を置いてみると分かります。

ビー玉の移動距離が数十cm程度であれば、床材（フローリングなど）の施工状態による影響が考えられます。2、3ｍ以上も転がるようであれば、建物の傾斜が生じている可能性があるため注意が必要です。

現地におけるチェックポイント

扉や窓の開閉に不具合はないか、壁、柱、梁などの接合部の壁紙の破れや隙間ができていないかを確認する。水平器かビー玉を用意し建物の傾きを確認し、傾きが確認されたら、天井高を数か所で計測してみましょう。

●ひび割れ＆建物の傾斜

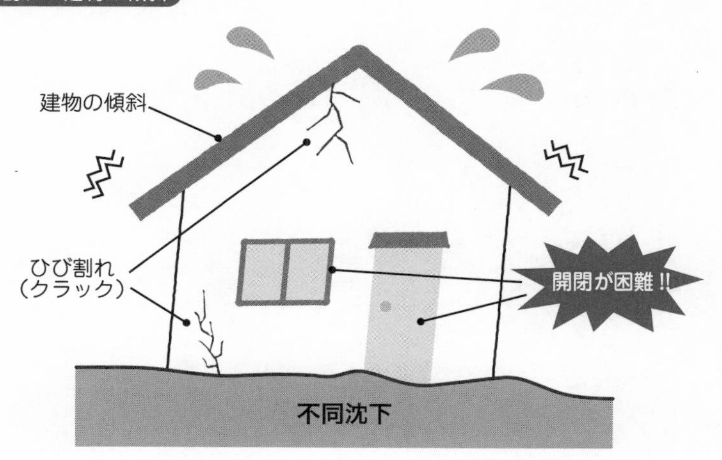

冬季の結露は断熱材を疑え！

日常的に聞き慣れた言葉ですが、**結露**を甘くみてはいけません。

結露とは、室内と室外の温度差によって、窓ガラスや洗面化粧台の鏡、浴槽の壁、押し入れなどに水滴がつく現象で、温度差が生じやすい冬季によく起こります。

代表的な結露の原因としては断熱材の施工不良が挙げられます。

本来、断熱材は天井、壁、床下と建物を完全に覆うように施工しなければならないのですが、外側から見えにくい部分であるため施工不良が起こりがちです。

断熱材の隙間が多過ぎたり、極端に薄い断熱材を使用したりといった施工不良の他、断熱材を全く使用していないといった悪質な手抜き工事も存在します。

結露の放置は、木部の腐食、カビやダニの繁殖の原因となり、建物の耐久性への影響はもちろん、喘息や気管支炎など健康被害をもたらす深刻な問題です。

現地での確認ポイント

床下や天井裏を点検口から覗き、結露の有無や断熱材の施工状態を確認します。
窓ガラス、押入れなど結露が起きやすいポイントを押さえ、結露の有無、壁紙の変色、カビ、木部の腐食などがないか注意深く確認しましょう。

インスペクションを利用しよう！

うぁ～こんなに欠陥住宅の原因があるんですね。自分では見つけられないので、どうしたらいいでしょう？

野口さん

池田先生

野口さん、専門家に住宅診断を依頼するのも方法の1つですよ！

欠陥住宅の最も怖いところは、外側から見て分かりにくい場所に不具合や欠陥があることです。

構造上の欠陥、地質や地盤強度など、建物が完成してしまってからでは対応が困難だったり、不測の金銭的損害を被る危険性も高くなります。

自宅に何か異変を感じた時や、購入を検討している物件に対しては、専門家による**インスペクション（既存住宅状況調査）**（124ページ）を利用するのも有効な手段です。

信頼できるインスペクション実施業者の選び方のポイントは、不動産取引や建築に対し「利害関係のない第三者機関」を選ぶことです。

取引当事者である売主や売主側不動産業者の紹介業者、自社で設計や施工を請け負う設計事務所や施工業者やその紹介業者の場合、偏った調査内容や調査後の不要な工事の提案がなされる可能性を否定できません。

あくまでも中立的な立場で調査を専門に行っている業者であることが重要です。

インスペクションの費用の相場は、目視による基本調査で約５万円から10万円程度、機械を使用した専門的な調査の場合、10万円以上となります。

●インスペクション

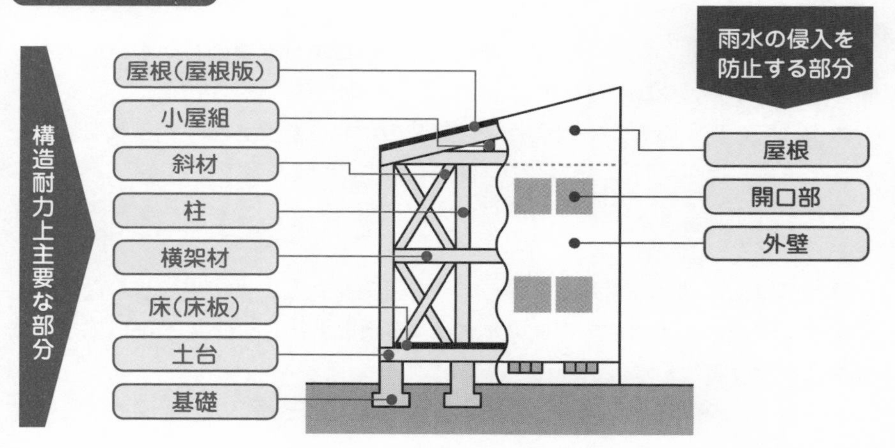

POINT

❶ **ひび割れ**は幅3mm以上、深さ4mm以上の**構造クラック**が要注意である。

❷ **建物の傾斜**は、構造上の欠陥、軟弱地盤による不同沈下の可能性がある。

❸ **結露の最大の原因**は断熱材の不具合。放置すると健康被害にも影響する。

知らなかったじゃ済まされない！シロアリ被害

木材と湿気はシロアリの大好物！

住宅被害の代表格と言えば、**雨漏り**、そして**シロアリ被害**です。

シロアリは、一度繁殖すると発生源を絶ち完全に駆除しない限り、家一棟を食い尽くすほど強力な力を持っています。住宅街であれば、被害は近隣にも及びます。

シロアリ対策として何より重要なことは、**シロアリが繁殖しやすい環境を改善すること**です。シロアリは木材と湿気が大好物です。

木造住宅の床下など湿気が多く、大好物の木材をたくさん食べられる環境を好んで生息します。特に、雨漏りのある木造住宅は要注意です。

腐食した木部をめくるとシロアリが大量に繁殖していたというケースが少なくありません。

建築基準法では、地盤から上がってくる湿気に対し、常に風通しの良い状態を確保するため、**木造住宅の床の高さは45㎝以上**とし、**壁長５m以下ごとに換気孔を設ける**ことが規定されています。

ただし、ベタ基礎上に防湿シートを敷き詰め、しっかり防湿対策が取られている場合などは、この規定は適用されません。

シロアリ被害に対しては、**建物内の防湿対策、確実な防蟻処理が最重要**です。

シロアリ被害の確認は自分できる！

先日売却していただいた物件ですが、買主様から**シロアリ被害の相談**がありました。

シロアリ？　そんなの本当に知らなかったよ！

不動産業者

買主様が売買価格の減額とシロアリ駆除にかかった費用を要求してきまして……。

相談にいらした岩本さん（65 歳）は、**売却したご自宅からシロアリ被害が確認**され、**契約不適合責任**（64 ページ）により、**売買価格の減額と防蟻処理費 30 万円の損害賠償請求**を受けています。

実際、岩本さんのような相談は少なくありません。

シロアリ被害の厄介なところは、日常生活のなかで被害に気付きにくいことです。

木部の腐食、カビの繁殖など、何らかの症状が現れてくる頃には、既に末期状態ということが多いのです。

家を売る前に被害に気付いていればトラブルにならずに済んだのに。

岩本さん

池田先生

代表的なシロアリ被害のチェックポイントと対策をご説明しましょう。

❗ シロアリ被害のチェックポイント

❶ 床下と畳の下を確認する

シロアリ発生源No.1は木造住宅の床下です。湿気が多くシロアリは大喜びです。

シロアリ発生率は建物の築年数に比例し増加します。基礎の経年劣化、ひび割れ箇所から雨水が侵入し、湿気が増すことでシロアリ繁殖の環境が整うからです。

大切なのは通気性です。床の高さは45cm以上あるか、５m以下の感覚で換気孔が配置されているかをチェックします。

新築後、一度も点検していないようであれば早期に確認しましょう。

また、床下同様、湿気が溜まりやすい和室の畳の下もチェックポイントです。

❷ 雨漏り痕、木部の腐食箇所を確認する

シロアリ発生原因の多くは雨漏りです。建物内に雨水が侵入、シロアリの大好物である湿った木材ができあがります。

雨漏りの症状が出やすい屋根裏、押入れの天井部などを定期的にチェックしましょう。

❸ 蟻道（ぎどう）を確認する

蟻道とはシロアリの通り道です。シロアリは普段は土中で生活しており、光や乾燥に弱いため、建物内に餌を求めて移動する際のトンネルを造るのです。

蟻道は木くずや排泄物を練り合わせて作られ、地盤と建物を繋ぐ基礎コンクリートの周囲で確認されるケースが多いです。

蟻道が発見されたら、建物内にシロアリの巣ができている可能性があります。

　このように、チェックポイントを押さえることで、シロアリ被害の確認を自分で行うことが可能です。

　日常点検を行うなかでシロアリ被害と思われる症状が確認されたら、シロアリ駆除の専門業者に点検と駆除を依頼しましょう。

　過去にシロアリ駆除を行っている場合でも、**駆除は５年ごと、点検は毎年１度**は行いましょう。

　シロアリ駆除の薬剤の効果は５年が目安です。シロアリ被害を経験した住宅は定期的なメンテナンスがキーポイントです。

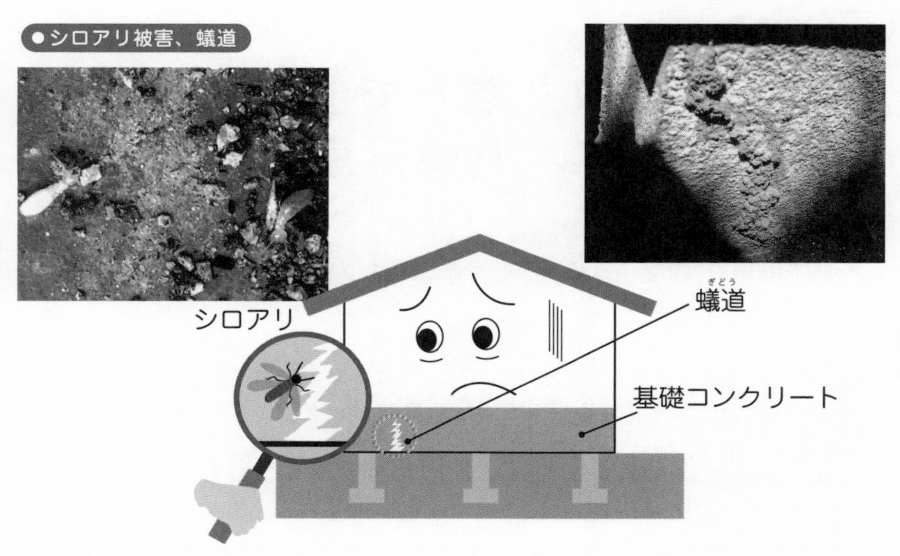

岩本さんは、長年住み慣れたご自宅に不自由を感じていなかったため、シロアリ被害や雨漏りの確認、**専門業者による点検を行わずに売却**してしまいました。

シロアリも雨漏りも、被害の内容や程度によって、売買価格や引渡し条件（防蟻処理、補修工事など）の話し合いは必要になります。

契約前にインスペクションなど専門業者による調査を行い、建物の状況を正確に把握しておけば、後日のトラブルや紛争リスクは確実に軽減させることができます。

結局、岩本さんの場合、建物が建築後 30 年を超えていたこと、シロアリ以外の大きな不具合がなかったこと、周辺の土地相場と比較して価格が低額であることなどを考慮し、買主様が購入後に実施した防蟻処理費用（30 万円）を岩本さんが負担することで、無事に話し合いがまとまりました。

POINT

❶ シロアリの習性、発生原因、繁殖箇所などを理解し、**日常的に点検**を行う。

❷ 防蟻処理後は、**5年毎にシロアリ駆除、毎年1度は定期点検**を実施する。

❸ 売買契約前に**専門家による住宅診断**を実施し、物件状況を正確に把握する。

古家取り壊しで予算オーバー！アスベストの盲点

規制強化！　改正大気汚染防止法

石黒さん、屋根や外壁にアスベストが含まれているようです。解体費用の大幅な見直しが必要になりますよ。

アスベスト？　潰してしまうのは同じじゃないか！なんで費用の見直しが必要なんだ？

1960年代から建築物の耐火被覆として使用されてきた**アスベスト（石綿）**は、**吸引により肺が線維化するじん肺**を引き起こすなど健康被害が社会問題となりました。

1975年（昭和50年）には、5重量%を超える石綿の吹付けが原則禁止されました。

その後、防音材、断熱材、保温材などで使用されていましたが、段階的に使用が制限され、2006年（平成18年）には、労働安全衛生法施行令の改正により全面禁止（石綿および石綿をその重量の0.1%を超えて含有するすべての物の製造、輸入、譲渡、提供、使用が禁止）となりました。

令和3年4月には、**改正大気汚染防止法**が施行され、アスベスト含有の建築物における飛散防止や除去方法に対する規制が更に厳しく強化されました。

改正大気汚染防止法のポイント

❶ 規制対象外であった石綿含有成形板等（レベル3）を含むすべての石綿含有建材が規制対象となる（令和3年4月1日から適用）
❷ アスベスト事前調査結果の記録の作成・保存（3年間）・報告（都道府県等）が義務化される（令和4年4月1日から適用）
❸ 事前調査を行う者の資格要件が義務化される（令和5年10月から適用）

石黒さん（55歳）は、ご自宅の隣地を購入し建替えを計画中でしたが、取り壊し予定の築50年の建物にアスベスト（石綿）の使用が発覚し、大変困惑している様子です。

石黒さんと同様、**アスベスト含有建築物の取り壊し**に伴い、想定外の金銭的負担を強いられ、トラブルに巻き込まれる人は少なくありません。

アスベスト含有建築物を解体する場合、周囲への飛散を防ぎながら、アスベスト含有部分を確実に除去していく必要があるため、取り壊し作業に時間がかかり**費用も高額**となります。

実際に、アスベストの除去費用はどのくらい必要になるのでしょうか。

国土交通省は、2007年1月から2007年12月までの1年間の実際の施工実績を基に、吹付アスベスト1㎡当たりの除去単価の目安を公開しています。

❶ 処理面積300㎡未満の場合　⇒20,000〜85,000円／㎡
❷ 処理面積300〜1,000㎡の場合　⇒15,000〜45,000円／㎡
❸ 処理面積1,000㎡以上の場合　⇒10,000〜30,000円／㎡
(注) 処理費用の目安は施工実績から処理データ上下15%をカットしたもの

上記のように、一般住宅（一戸建）の多くが該当する❶処理面積300㎡未満のケースでは、目安となる除去単価が20,000〜85,000円／㎡と非常に大きな開きがあります。

しかも、施工実績から処理データ上下15%がカットされていることを考えると、実際の施工費用には更に大幅な価格差、バラつきがあることが分かります。

これは、実際の処理状況が、部屋の形状や高さ、固定機器の有無などによって異なり、仮設を含む着手前の準備作業などの処理費に大きな幅が生じるためです。

特に❶のように処理面積の小さい現場ほど、必要総額に占める処理費のウエイトが大きく、除去単価は割高になります。

また、石綿含有建材は飛散による危険度に応じ、レベル1〜3の3段階の区分があり、最も危険度が高いのがレベル1です。

除去作業は石綿含有建材の危険度によって処理方法が異なるため、除去費用に大きな差が生じます。

■ 石綿含有建材のレベル

❶ レベル1 ⇒ 発じん性が著しく高い
❷ レベル2 ⇒ 発じん性が高い
❸ レベル3 ⇒ 発じん性が比較的低い
（注）発じん性とは、粉塵の発生率のことです。

石黒さんの場合、取り壊し予定の木造住宅の処理面積が約100㎡、発じん性の比較的低いレベル3のアスベスト除去と仮定すると、国土交通省の目安単価の下限額で計算しても、**約200万円程の除去費用を建物解体費と別予算で捻出**しなければならないことになります。

確かに想定外と言える高額な出費です。

不動産業者からは、解体費用は概算で150万円程度って聞いてましたよ（怒）。

それは通常の解体の費用で、アスベストが含まれているとなると話は変わるんです。

石黒さんが怒るのも無理はありません。

概算とはいえ、予定の解体費用を上回るアスベスト除去費用が生じるとなれば、新築計画にも大きく影響します。

不動産業者は、**建物解体費を構造や床面積で試算するのが一般的**です。

例えば、木造は3万円から5万円／坪、鉄骨造は4万円から6万円／坪、鉄筋コンクリート造の場合、6万円から8万円／坪といった感じです。

しかし、実際に必要となる解体費は、建物の状態や道路付けなど作業性によって大きく異なります。

しかも、石黒さんのようにアスベスト除去が必要になる可能性も考えると、概算による予算組みは余りに危険な計画とも言えるでしょう。

見積りはあくまでも見積りです。

解体作業も含め、建築工事においては、常に想定外の出来事が起こる可能性があるものと考え、余裕をもった資金計画を立てておくことが大切です。

●アスベスト除去

 補助制度の活用を検討しよう

長年住み慣れた自宅や既に購入済みの物件にアスベストの含有が発覚した場合、**地方公共団体の補助制度の活用も検討**してみましょう。

補助制度は、アスベスト含有調査費や除去工事費（囲い込み、封じ込めなど）の一部に活用できます。

補助対象となる建築物や部位、補助金額、申請方法などの詳細は、地方公共団体のホームページで確認することができます。

POINT

❶ **アスベスト除去費用**は、建物の状況やの危険度によって大きく異なる。

❷ アスベスト含有の可能性を考慮し、常に**余裕を持った建築計画**を立てる。

❸ アスベスト含有調査、除去工事等に活用できる**補助制度**を検討する。

耐震性能を見落とすな！（その1）

大震災と強化される耐震基準

世界有数の地震多発国である日本では、地震に強い家づくりや災害対策の強化が最大の課題です。

建築物が地震の揺れに耐えられる能力（**耐震性能**）に関しては、建築基準法で定められており、大地震を経験するたびに繰り返し改正が行われ基準が強化されてきました。

昭和56年（1981年）6月には、**震度6強から7程度の地震でも、建物が倒壊や崩壊しない水準**が求められる「**新耐震基準**」が導入されました。

それまでの**震度5強程度**の中規模の地震の揺れを想定した「**旧耐震基準**」より、建物に必要とされる基準が強化され、より地震に強い建築が求められるようになりました。

昭和56年（1981年）5月以前の**旧耐震基準**で建築確認申請を行った建物に対し、現行の基準と同等の強度を有しているかを判定する作業を「**耐震診断**」といいます。

診断の結果、強度不足が認められると**補強工事や建替えを検討する必要**が出てきます。

旧耐震でローンの事前審査で断られた！

久本さん、先日の購入希望の物件ですが、銀行ローンの事前審査の結果は非承認でした。申し訳ございません。

どういうこと？　年収も返済比率も問題なかったはず。

不動産業者

実は、旧耐震基準の不動産はローンの対象外なんです……。旧耐震でも取り扱いのある金融機関を探してみますが。

そもそも、銀行が取り扱わないってことは、旧耐震基準の物件だと問題が多いってことじゃないか！

久本さん

久本さん（32歳）のご指摘どおり、**金融機関が旧耐震基準の不動産を住宅ローンの担保として認めない**ということは、それだけの理由があるからです。

1995年1月17日、6,434人もの犠牲者を出した阪神・淡路大震災。

犠牲者の死因の9割が住宅などの倒壊によるもので、被災した木造住宅の98%が旧耐震基準で建てられた既存不適格建築物（116ページ）であることが明らかになりました。

また、甚大な被害をもたらした背景には、被災地における避難や救助、救援物資の供給などに利用される主要道路を、倒壊した建物がふさぎ、緊急車両の通行を妨げ混乱を招いたことが指摘されています。

近年、多発する地震に対し**「安全性」が確保できていない旧耐震基準の不動産に関しては、金融機関が非常に厳しい判断**をします。

次に該当する物件は取り扱い対象外とされることが多いので、注意が必要です。

■ 金融機関が敬遠する物件

❶ 旧耐震基準の建築物で耐震診断をしていない

❷ 耐震診断の結果、強度不足が認められたが、必要とされる補強工事をしていない
⇒補強工事実施予定の有無がキーポイント

❸ 旧耐震基準の建築物で、緊急輸送道路沿いの物件

スタートラインは耐震診断！

久本さんが購入を検討している物件は、昭和55年に建てられた**❶旧耐震基準の建築物で耐震診断をしていない物件**であることが分かりました。

旧耐震基準の物件は、住宅ローンを利用して購入したり売却したりすることはできないのでしょうか。

「旧耐震基準＝住宅ローン不可」ではありません。ただし**選択できる金融機関は制限されます**。

金融機関が**住宅ローンの担保として最も敬遠するのは次の物件**です。

- 問題がありながら必要とされる措置を講じない
- 問題があるかもしれない

高額融資を取り扱う金融機関の立場としては、不動産の担保は、借主（住宅ローン利用者）が返済できなくなった時の最終の回収手段ですから当然です。

久本さんが購入を検討中の物件のように耐震診断が未実施であれば、次のポイントを押さえることが重要です。

- 耐震診断を実施した場合、強度不足など問題点があるのかを知る。
- 強度不足が認められた場合、補強工事にはどの程度の費用が必要かを試算する。
- 耐震改修工事の実施予定を考慮した購入計画を立てる。

これは、売主の立場においても同じことが言えます。

売買当事者が、強度不足という事実と向き合い、補強工事に関わる費用を理解することで

❶ 売主の立場で物件の引渡し条件として工事を実施するのか
❷ 購入後に買主負担で工事を実施することを前提に契約条件（売買価格など）を取り決めるのか

が、後日のトラブル防止のために必要とされる選択肢です。

売主も買主も、まずは耐震診断を実施し、不動産の将来性を真剣に考えることが何より重要です。

旧耐震基準のデメリットを理解し後悔しない決断を！

旧耐震基準の不動産を購入する場合、そのデメリットをすべて理解した上で決断しないと、後悔する事態になりかねません。

将来、何らかの事情で物件を売却することになった場合にも、旧耐震基準の不動産のマイナス面が大きく影響することになるからです。

■ 旧耐震基準のデメリット

❶ 安全性が確保されていない

生活空間の安全性が確保されていないのは、生命にかかわる深刻な問題です。まずは、耐震診断を実施し、必要とされる耐震改修工事を実施することが必要です。

❷ 住宅ローンが利用しにくい

すべての旧耐震基準の物件が融資対象外ではありませんが、取扱い可能な金融機関は制限されます。まずは耐震改修工事の実施予定を立てることが大切です。

❸ 住宅ローン控除が利用できない

耐震基準適合証明書＊が取得できなければ、住宅ローン控除（219ページ）を利用できません。住宅ローンを利用する買手にとって大きなデメリットです。

❹ 登録免許税の軽減措置が適用されない

自己居住用の不動産を購入し登記（登録）する時の登録免許税の軽減措置には耐震基準適合証明書が必要です（昭和57年1月1日以降に建築されたものは不要）。耐震基準適合証明書が取得できなければ、購入時の諸費用の負担が大きくなります。

❺ 不動産取得税の軽減措置が適用されない

自己居住用の不動産を購入した時の不動産取得税の軽減措置の適用には耐震基準適合証明書が必要です。（昭和57年1月1日以降に建築されたものは不要）。耐震基準適合証明書が取得できなければ、購入時の諸費用の負担が大きくなります。

❻ 居住用財産の買い換え特例が利用できない

買い換え資産で耐震基準適合証明が取得できなければ、居住用財産の買い換え特例が利用できません（建築後25年以内のものは不要）。

所有期間10年超のマイホームを買い換えた時の譲渡所得を軽減できません。

用語

● 耐震基準適合証明書とは

建築基準法で定める耐震基準を充たしていることを証明する書類。取得するには耐震診断が必要です。

結局、久本さんは金融機関の事前審査を断られたことを機に、耐震基準に対する認識の甘さを痛感しました。

検討中の物件の購入は見送り、安心して生活できる物件の購入に向け再スタートすることになりました。

耐震診断＆耐震改修工事には補助制度の活用を！

池田先生、もう一度、一から勉強し直すことにしました！　でも、耐震診断や耐震改修工事はお金が必要ですよね？

診断の費用は自治体が補助してくれます。条件を充たせば改修工事の費用も一部負担してくれるので、ぜひ活用してください！

耐震診断や耐震改修工事を検討するなら、**自治体の補助制度の活用**を検討しましょう。

建物用途、建築時期、申請者の所得制限など一定の要件を充たせば、耐震診断や耐震改修工事、耐震改修設計などに関わる費用の一部が補助されます。

補助率や限度額など詳細に関しては、各自治体のホームページで確認できます。

POINT

❶ **旧耐震基準**は、安全性、住宅ローン、税制面でのデメリットが多い。

❷ 旧耐震基準の将来性は、**耐震診断、耐震改修工事の実施**が決め手。

❸ 耐震診断、耐震改修工事には、**自治体の補助制度の活用**を検討する。

耐震性能を見落とすな！（その2）

耐震等級なら数字で分かる！

建物の耐震性能や災害対策の重要性は理解できても、専門知識や購入経験のない消費者にとっては「家探しのハードル」が高まるばかりです。

そこで、注目したいのが、**住宅性能表示制度**＊で定める**耐震等級**です。

耐震等級とは、建築物の耐震性能を**耐震等級１～３の３段階の「数字」で表示**したもので、**数字が大きいほど耐震性が高く地震に強い構造**となります。

建物の品質、性能を「数字」で判断できるため、不動産や建築に関し、専門知識を持たない消費者でも、ひと目で正確に理解することができます。

しかし、**住宅性能表示制度は、あくまでも任意の制度**であるため、すべての建物がこの制度を利用しているわけではなく、耐震等級など性能評価の表示を申請した建物でしか確認できないのが現状です。

耐震等級を取得した不動産の場合、**税制面や住宅ローン、保険加入時のメリットも多く**、時代とともに利用する物件が増えることが期待されます。

❶ 耐震等級１

建築基準法で定められている建物に求められる最低限の耐震性能である新耐震基準を充たしており、数百年に１度、発生する**震度６強から７程度の地震で建物が倒壊、崩壊しない水準**です。

しかし、倒壊、崩壊はしないまでも、一定の損傷や損害は生じる可能性があります。

❷ 耐震等級２

耐震等級１の1.25倍の耐震性能となり、災害発生時の避難場所に指定されている**公共建築物（学校、病院など）は耐震等級２が必須要件**です。

国土交通大臣が、耐震性、省エネ性など厳しい基準をクリアした住宅に認定する長期優良住宅も耐震等級２以上が要件となります。

❸ 耐震等級３

耐震等級１の1.5倍で住宅性能表示制度＊の最高レベルの耐震性能となり、震度６強から７の大地震でも補修程度で対応できる水準です。**災害時の復興拠点（警察署、消防署など）**の多くは耐震性能３の建物です。

■ 耐震等級2・3のメリット

❶ 固定資産税が5年間、2分の1に減額される（長期優良住宅の場合）

❷ 住宅ローン最大控除額が5,000万円×0.7%となる（長期優良住宅の場合）

※（居住年）2024年・2025年⇒4,500万円×0.7%

❸ フラット35Ｓ金利Ａタイプ（10年間、金利が－0.25%）が利用可能（耐震等級3の場合）

※フラット35Ｓ金利Ｂタイプ（5年間、金利が－0.25%）は耐震等級2以上で利用可能となります。

❹ 地震保険が50%安くなる（耐震等級2は30%安くなります）

● **住宅性能表示制度とは** 用語

平成12年4月1日施行の**「住宅の品質確保の促進等に関する法律」（品確法）**に基づく制度で、国が指定する第三者機関が統一の評価基準によって建物を評価します。耐震等級は、その評価項目の1つです。

地震に強い免震構造を選んだ結果……

建物の耐震性能は本当に大切なんですね。旧耐震基準の物件にはデメリットがたくさんあることも初めて知りました。

現行の耐震基準を充たすことが大前提ですが、あくまでも最低限の耐震性能であることを理解しておく必要があります。

建築基準法で定める新耐震基準は、建築物に求められる最低限の耐震性能です。

今後も南海トラフ地震や首都直下地震など巨大地震の発生が予測されています。新耐震基準の建築物が倒壊や崩壊を防ぎ、人命を守ることはできても、発生する地震の規模によっては、建物の被害は甚大なものとなり、被災地の復興にも多大な時間と資金が必要となります。

日本では、多発する大地震の経験を活かし、**❶ 耐震構造**、**❷ 制震構造**、**❸ 免震構造**の**3種類の地震に強い構造**が作り出されました。

❶ 耐震構造（たいしん）

耐震構造とは、**柱、梁、壁など建物自体の強度を高め、地震の揺れをそのまま受け止める構造**です。地震の規模によって主要構造部に損傷が生じたり、建物が倒壊しなくても、室内の家具などが転倒する危険性があります。

❷ 制震構造（せいしん）

制震構造とは、**建物内に制震装置（ダンパー）を設置することにより、地震の揺れを吸収する構造**です。制震装置には屋上設置型と構造体に組み込むタイプとがありますが、いずれも改築時ではなく新築時に設置する方が効果的です。

❸ 免震構造（めんしん）

免震構造とは、**建物と地盤との間に積層ゴムなどの免震装置を設置し、建物に地震の揺れが直接伝わらないようにする構造**です。

地震に対しては最も効果的な構造ですが、免震装置の設置や維持にかかるコストが高いのが難点です。

地震は本当に怖いわね～。やっぱり地震に一番強い免震構造にすべきよ！

そうだね！　僕も免震構造がいいと思ってたところだよ！

4　家が建たない！欠陥？マイホームの落とし穴

●耐震構造＆制震構造＆免震構造

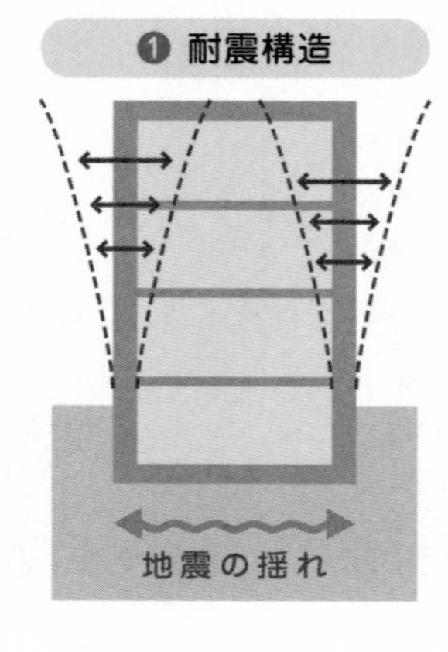

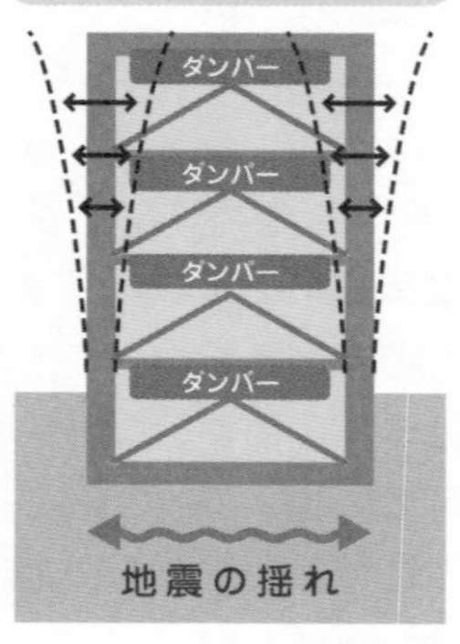

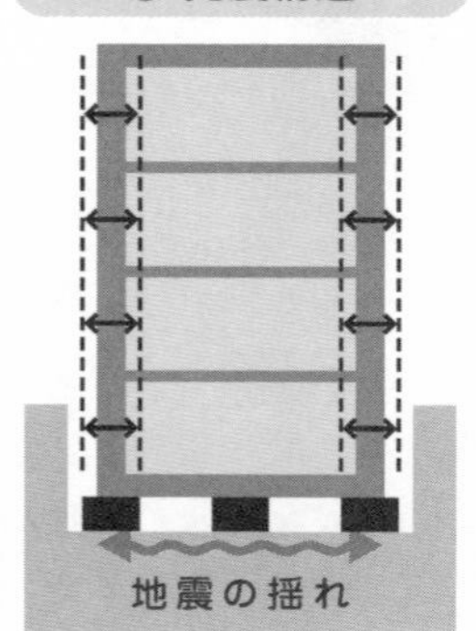

⟷ 地震による「揺れ幅」　■ 積層ゴム

家探しを始めた頃は、まったく耐震基準や災害対策に関心のなかった久本さんご夫婦ですが、最近ではいろいろと勉強に励んでいるようです。

地震に強い３つの構造の特徴を学び、地震に対し最も効果的と言われる免震構造を選んだようですが、果たしてその結果やいかに。

ちょうど手頃な物件が見つかりそうなんです。**免震工事の見積り**をお願いします！

確かに免震構造は地震には強いのですが、あとから免震装置を設置する場合、**建物を持ち上げるか解体するしかありません**よ。本当にいいんですか？

そんなの費用だっていくらかかるか分からないし現実的じゃないわよ～

どうやら久本さんの前に第２のハードルが現れたようです。

工務店の説明どおり、免震構造は地震には最も効果的な構造ですが、建物と地盤の間に免震装置を設置する工法であるため、**既存住宅を改修する場合、建物基礎を切り離し、建物を持ち上げ免震装置を設置**するという工程になります。

非常に高度な技術が必要であるため、改修施工を請け負える業者も限られています。

床面積によりますが、**設置費用も約200万円から400万円と高額で、設置後のメンテナンス費用も年額3万円から5万円程度は必要**になります。

結局、久本さんご夫婦は今回検討中の物件も諦め、安心して生活できる耐震性能の高い住宅を新築するため、土地探しから再スタートすることになりました。

POINT

❶ **新耐震基準**は建築物に求められる**最低限の耐震性能**である。

❷ **耐震等級を取得した物件**はメリット（税金、住宅ローン、保険）が多い。

❸ 地震に強い構造には、**耐震構造、制震構造、免震構造**の3種類がある。

Column

あなたの街は大丈夫？「全国地震動予測地図」

全国地震動予測地図は、日本で発生する恐れのある地震を予測し地図として表したもので、国の地震調査研究推進本部が作成しています。

❶ 確率論的地震動予測地図

将来日本及び周辺で発生する恐れのある地震に対し、発生場所、発生可能性、規模などを確率論的手法によって評価している。代表的なものに、今後30年以内に各地点に起こりうる震度6弱以上の揺れの確率を地図化したものがある。

❷ 震源断層を特定した地震動予測地図

ある特定の断層帯で起こり得る地震の揺れの大きさを地図化している。地震波動伝播のシュミレーションを実施することより、特定の地震に対して各地点がどのように揺れるのかを計算して、その分布を地図として示している。

Column

耐震基準を確認する3つのポイント

不動産の耐震基準を確認する方法をご紹介しましょう。

キーポイントは、建築基準法改正による新耐震基準の導入時期（昭和56年6月1日）による見極めです。

❶ 登記簿謄本を確認する　（取得先）法務局　【正解率】30%

手っ取り早いのは、法務局で**登記簿謄本を取得し建築年月日を確認**する方法です。建築年月日が昭和56年5月31日以前であれば、間違いなく旧耐震基準です。問題は、耐震基準の見極めは、登記上の建築年月日ではなく、建築確認申請後の**建築確認年月日での判断**となるため、新耐震基準の見極めが不十分となります。

❷ 建築計画概要書を確認する　（取得先）建築指導課　【正解率】50%

建築計画概要書とは、**建築確認申請後、確認済証が交付された物件**に関し、一般に公開される書類です。

建築計画概要書では、**建築確認年月日**、**確認番号**など建築確認申請時の概要が確認できるため、**新耐震基準で設計されているかが判断**できます。

しかし、違反建築物の多くは、建築確認申請後に法令に適合しない建物に変更されています。確認申請通りに正しく施工されているかは判断できません。

❸ 台帳記載事項証明書を確認する（取得先）建築指導課　【正解率】100%

台帳記載事項証明書とは、建築確認申請後の**確認済証**、完了検査後の**検査済証**の交付記録（交付年月日、交付番号など）を記載した書類です。

所有者が保管する検査済証で確認できなくても、この書類を取得することで対象地が**新耐震基準で施工されているかが判断できます。**

これで正解率100%です。ただし、検査済証取得後に不法な増改築などがなされていないのが前提ではありますが……。

上下水道、ガス、電気
ライフラインの盲点

水道引き込み工事の盲点

給水管の口径変更は本当に必要？

建築士

現在、口径13㎜の古い給水管が入っているので25㎜への変更が必要になりますが、引き込み工事費で80～100万円くらいはかかりそうです。

えっ！冗談じゃないよ！　基本料金も上がるし13㎜のままではダメなの？

山本さん

山本さん（43歳）は、最近、古家付の土地を購入し、二世帯住宅の新築工事を検討中です。

現在、引き込まれている口径13㎜の給水管から25㎜への口径変更（増径）を巡り、想定外のトラブルに巻き込まれてしまいました。

普段、私達が使用している水道水は、道路内に埋設された**水道本管**から敷地内に引き込みされた**給水管**を介して建物内に供給されています。

今回、問題となっている**給水管の口径**は、一般住宅の場合、**主に口径13㎜、20㎜、25㎜のものが使用**されています。建築時期が**古い建物ほど13㎜の細い給水管が使用されていることが多く**、山本さんが購入した物件もその1つでした。

専門的な話になりますが、水道管の口径は**建物内に供給される水量によって大きさが決められており、口径が大きいものほど供給される給水量が増加**します。

13㎜の給水管の場合、敷地内の水栓数が6箇所（流し台、浴室、トイレ、洗面台、洗濯機、屋外水栓）、同時使用2箇所ほどを想定した大きさです。

奥さんが洗濯機を回しながら料理を作り、旦那さんがシャワーを浴びると、途端に水量が減少してしまうイメージです。

少人数の家庭であれば、13㎜の給水管でも特に不自由のない水量です。

最近の住宅は水栓数が多いため、口径 20㎜の給水管（水栓数 7 箇所から 13 箇所を想定）以上は必要であり、山本さんのように**二世帯住宅となると、25㎜の給水管（水栓数 14 箇所から 17 箇所を想定）が理想的**です。

家族構成や経済的事情から、給水管の増径を希望しない人もいますが、現在は、水道管の引き込み工事で必要とされる**口径を「20㎜以上」と条例などで規定している自治体が多く**、山本さんの新築計画中の地域でも同様の要件が定められていました。

●給水管の口径

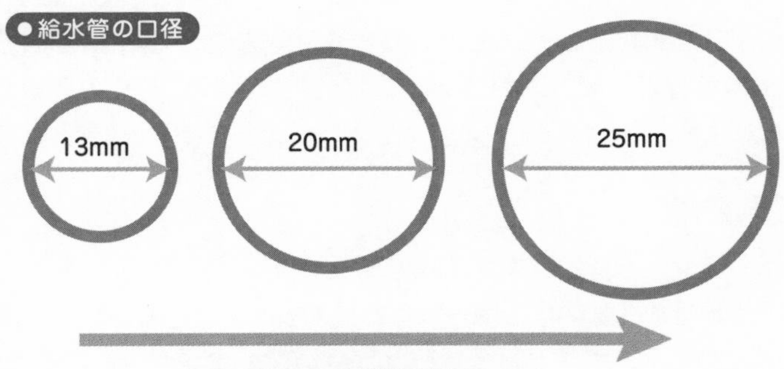

・1 度に使える水栓数が増える
・シャワー等の水圧が上がる
・交換工事の費用がかかる
・基本料金が上がる

口径変更で100万円UP !!

給水管の口径変更（増径）で気になるのが費用です。

自治体に納める水道利用加入金

水道管の引き込み工事を実施する場合、**水道利用加入金（納付金）**を自治体に納める必要があります。

名称や内容は自治体によって異なりますが、主に水道を利用する権利としての**加入金**や、給水装置の新設、給水管の増径などで必要となる**分担金**などを指します。

納付金の設定は自治体ごとに異なりますが、一般的には口径の大きさに比例して金額も高くなります。

口径の大きさ	納付金
13㎜	5万円から10万円程度
20㎜	10万円から30万円程度
25㎜	30万円から60万円程度

例えば、山本さんのように既に13㎜の権利を持っており、**20㎜や25㎜に増径する場合には、口径ごとに設定された納付金の差額を収める**のが一般的です。

また、納付金が不要の自治体もありますが、納付金以外の費用として、**設計審査手数料**（水道管引込工事の申請や竣工の書類審査、配管図の編集などを行うための費用）や**工事検査手数料**（現場立会いや水質検査を行うための費用）などは必ず必要になります。

費用の多くは工事費用

そして、費用のうち高額となるのが実際の**工事費用**です。数十万円程度で収まる場合もあれば何百万円も必要になるケースもあります。

例えば、敷地の目の前を水道本管が通っていれば良いのですが、対側にあれば工事期間中の通行止めや迂回路の確保が必要になります。

私道に面した敷地の場合、公道を通る水道本管までの距離が何十メートルにも及ぶこともあります。

当然、水道管の引き込みや口径変更のために掘削した道路は、埋め戻しなど復元作業が必要となります。

つまり、工事費用は、敷地から水道本管までの距離や埋設位置、道路状況などによって大きく差が出るため、入念な事前調査が必要になるのです。

●水道管引き込み工事による通行止め

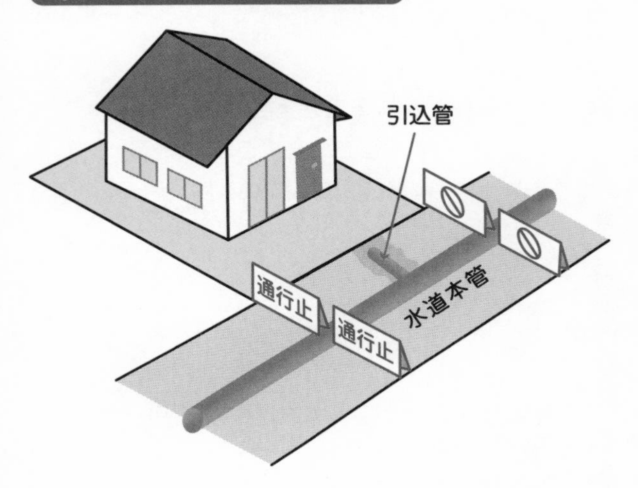

水道引き込みトラブルは事前調査で防止できる！

山本さん

不動産業者からは、確かに給水管が13㎜だとは聞いてましたが……。

池田先生

なるほど、現状の説明のみで購入後の対策までは詳しく説明されてなかったようですね。

確かに、山本さんが不動産業者から説明を受けた際の重要事項説明書には、水道本管と給水管の埋設位置とそれぞれの口径までは記載されていましたが、**建替えの際に必要となる増径と工事に伴う費用負担までは説明されていません**でした。

本来の宅建業者の役割としては、現状の説明に止まらず、問題がある場合の改善提案（増径など）や購入目的（建替えなど）に応じて必要になる費用や手続きなどを説明した上で消費者保護に努めるべきです。

しかし残念ながら、すべての不動産取引においてしっかりとサポートされているわけではありません。

したがって、消費者の立場としては不動産を購入、売却、建築する場合など、あらゆるシーンで想定される問題と対応法を学ぶことが最善のトラブル防止策と言えます。

結局、山本さんも**給水管の増径に必要となる費用を全額負担**し、当初、新築工事で予定していた一部のオプション工事の内容を見直すことになりました。

山本さんのトラブル事例を基に、水道管の引き込み工事に伴うチェック項目をまとめてみました。

ⓘ水道管チェックポイント

❶ 水道本管、給水管の埋設位置、口径を役所（上水道課）で取得できる上水道管埋設状況図で確認する。

❷ 現地の止水栓で口径をチェックし、図面と一致しているかを確認する。ただし、敷地内への引込管が20㎜でも宅内への供給水量を13㎜に抑えているケースもあります。この場合、13㎜用の水道メーターが設置されています。

❸ 給水管が13ｍの場合、20㎜、25㎜への増径の必要性の有無を検討する。

❹ 建替えなどで給水管の増径が必要となる場合、納付金や工事費用などを事前に確認する。

●水道メーター

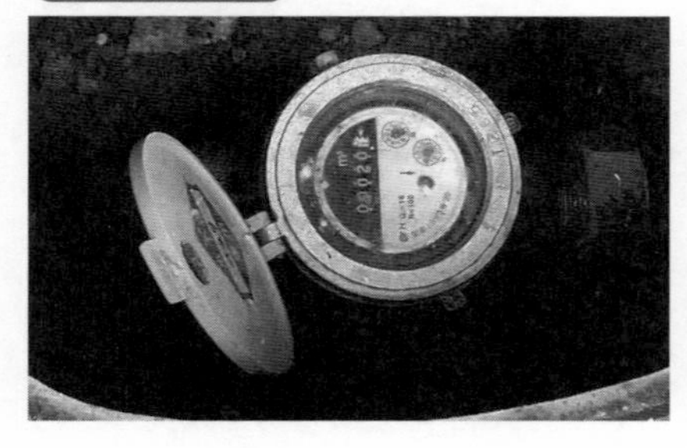

●水道管改修作業

POINT

❶ 給水管13㎜は要注意！　多くの自治体で**建替え時の増径**が必要である。

❷ 水道管の引き込みや増径時に必要となる**納付金**は必ず事前に確認する。

❸ **引き込み工事費**は、本管までの距離、埋設位置、道路状況によって異なる。

同じ敷地に給水管が2本？

知らなきゃ大変！「1敷地1給水管」の原則

現地を確認したのですが、敷地内に引き込まれている2本の給水管のうち1本を撤去するのに100万円以上はかかりそうです！

えっ！　なんで撤去が必要なの？　給水管が2本あるとは聞いてたけど、そんなにお金がかかるんだったら1本はそのまま置いといてもいいじゃないか！

読者のみなさんは**「1 敷地 1 給水管」の原則**をご存知でしょうか。

水道は、公道内を通る水道本管から分岐した給水管で各敷地内に供給されており、1 本の給水管に対し、止水栓や水道メーターなど給水用具が 1 つずつ設置されています。

各自治体の給水条例では、原則、1 つの敷地に 1 本の給水管と定めており、**2 本以上の給水管を通そうとする場合、別途申請し許可を得なければなりません。**

したがって、何らかの事情で同じ敷地内に給水管が 2 本以上存在するような場合、「1 敷地 1 給水管」の原則により、1 本は撤去することが必要となります。

池田先生、そもそも、どうして同じ敷地内に給水管が2本も存在しているのでしょうか？

土地の登記内容を確認してみれば、ヒントが得られる可能性があります。

5
上下水道、ガス、電気 ライフラインの盲点

水道管が2本引き込まれていた原因とは？

沢村さん（38 歳）が新築用地として購入した土地 40 坪に、給水管が２本引き込みされているということですが、次のような原因が考えられます。

❶ 隣地などの給水管が境界を越境し、敷地内に引き込まれている
❷ 過去に取り壊された建物の給水管（給水装置）が残存している
❸ 別棟、長屋などが存在し、それぞれの給水管が引き込まれている

沢村さんから依頼を受け土地の地歴調査を行ったところ、過去に約 20 坪の**土地２筆上に長屋（連棟式住宅）が存在していた**ことが分かりました。

その後、建物の取り壊しとともに**２筆の土地が合筆**され**１筆 40 坪となった土地を沢村さんが購入**したという経緯です。

また、沢村さんが土地を購入された時の重要事項説明書には、水道本管と給水管の口径の記載とともに、役所（上水道課）で取得した**上水道管埋設状況図（写）**に、給水管２本の埋設位置が朱線で記されていました。

確かに、不動産業者から現況の説明まではなされており、沢村さんもその事実を理解していました。

しかし給水管が２本引き込まれていることにより、どのような影響があり、どの程度の金銭的負担が生じるかといったことまでは、理解できていなかったようです。

●給水装置

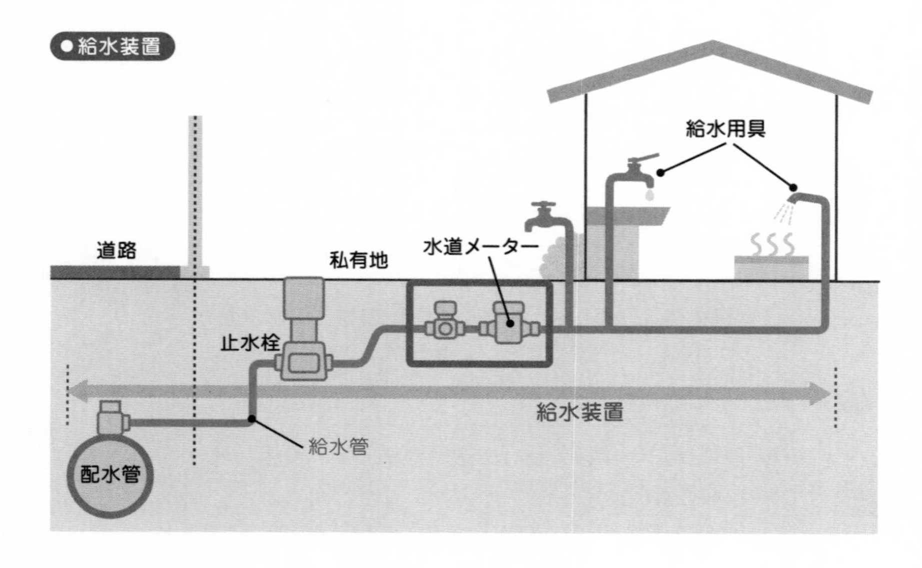

ライフラインのルールは厳しい！

沢村さんは、工務店とともに、もう1本の給水管を敷地内の散水栓として残すことはできないかを役所にかけ合いましたが、結局は認められず、新築の建築確認申請を行うには、**給水管1本を水道本管側で撤去**せざるを得なくなりました。

運の悪いことに、沢村さんの敷地は私道に面する区画の一番奥に位置し、水道本管の通る公道まで約20 mほどあります。

しかも、水道本管は公道の対側にあるため、撤去作業中の通行止めと警備員の配置が必要になります。

まずは、私道の所有者全員の掘削許可（110ページ）から集めることになりましたが、幸いなことにご近所にお住まいの町内会長の協力が得られ、10日ほどですべての私道所有者から屈側許可を得ることができました。

結局、沢村さんが水道本管側で給水管1本を撤去し、道路を復元するまでに要した日数は約2か月、費用は約120万円ほどになりました。

ライフラインは、私たちの生活になくてはならない大切な「生命線」です。快適で住みよい生活環境を維持し続けていくには、守らなくてはならないルールがあります。

沢村さんにとっては大変な経験となりましたが、そのことを学ばせてくれた出来事です。

POINT

❶ **給水管の埋設位置、止水栓や水道メーター**などを現地と図面で照合する。

❷ 同じ敷地内に**給水管は1本が原則**。2本以上ある場合、撤去が必要となる。

❸ **給水管の撤去**が必要な場合、埋設位置や道路状況などにより費用が異なる。

下水道調査で初めての大失敗！

下水道じゃなく浄化槽だった！

不動産会社に勤務し３年目の谷口さん（25歳）は、持ち前の行動力を活かし、不動産業界でも確実に成約件数を伸ばし、自信を付け始めた矢先のことでした。

その谷口さんが**仲介した住宅の下水道調査**を巡り、初めての大きなトラブルに巻き込まれてしまいました。

実は、下水道が引き込みされていると思ったら浄化槽だったんです……。

どうして下水道だと思ったのですか？

敷地内の桝（ます）と道路内にマンホールがあったので、てっきり下水道かと……。

谷口さんのお話を伺うなかで、敷地内に桝（ます）がありながら下水道管と接続がなされていなかった原因は、**土被り**（どかぶり）にあるのではないかと感じていました。その説明に入る前に、下水道に関する基本的な知識を整理しておきましょう。

下水には、**雨水**と家庭から排出される**汚水**（おすい）（キッチン、浴室、洗面から排出する雑排水を含む）があります。

下水道には雨水と汚水を一緒に処理する**合流式**と雨水と汚水を分けて処理する**分流式**があります。

そして、敷地内に設置された**雨水桝や汚水桝**に溜まった水が**公共桝（最終桝）**に集まり、道路側の**マンホールへと放流**される仕組みになっています。

この公共桝が、谷口さんが下水道が引き込み済みだと思い込んでしまった原

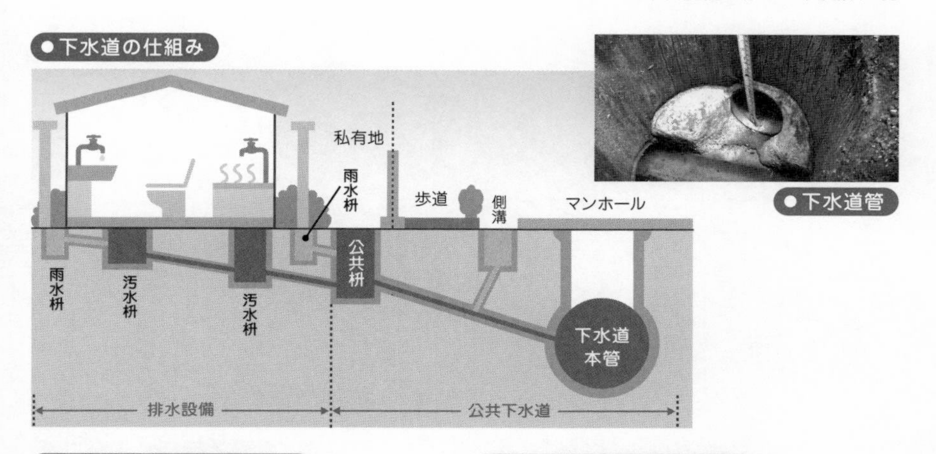

因の１つです。

通常、不動産業者が下水道の調査をする場合、役所（下水道課）が管理する**下水道台帳**の閲覧や**下水道管埋設状況図**を取得した上で、現地における公共桝やマンホールの位置、道路内を通る下水道本管と敷地内への引込管の口径、埋設位置などが一致しているかを確認するという流れになります。

谷口さんも役所で埋設状況図は取得していたようですが、下水道だという思い込みから、重大な見落としをしてしまったようです。

その見落としの１つが**土被り**です。

土被りとは、**地表から下水道本管上辺までの距離**です。単純に**下水道本管の深さ**だとイメージすればよいでしょう。

下水は常に高いところから低いところへ流れるため、下水道本管は必ず一定の勾配を取って埋設しています。

土被りが１ｍから1.5ｍ程度であれば問題ないのですが、埋設位置によっては非常に深く、５ｍを超えるところもあります。

●土被り

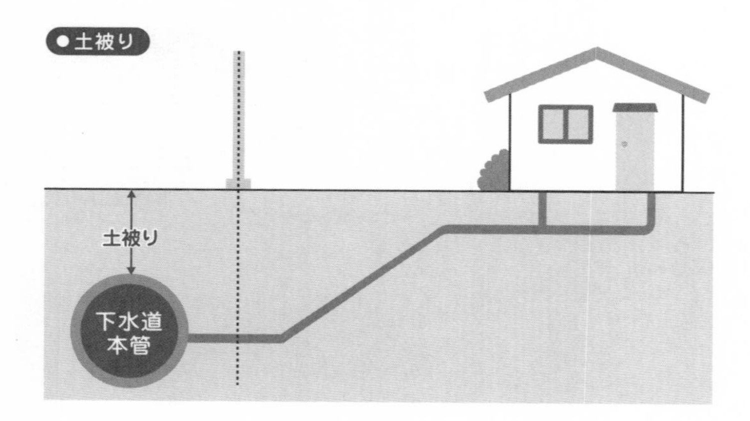

計画整備の場合、**公共桝の設置までは自治体が行う**ことになりますが、**敷地内の排水設備（トイレ、キッチン、浴室、洗面など）との接続に関しては個人が行う**ことになり、接続後の管理も公共桝までは自治体、公共桝からが個人となります。

土被りが特に深く接続工事に大きな費用がかかる場合、敷地内における接続工事がなされていないケースも少なくないのです。

今回、谷口さんが仲介し問題となった住宅も土被りが４ｍほどあり、売主が接続に膨大な費用がかかることを理由に**浄化槽**＊を使い続けていたのでした。

● **浄化槽とは**

トイレ、キッチン、浴室、洗面などから流れる生活排水を浄化し、下水道以外の河川や水路に放流するための施設です（162ページ）。

現地と図面のダブルチェックでトラブルは防げる！

やっぱり、思い込みは禁物ですね。

その通りです。下水道管埋設状況図の読み取りと現場でのチェックを怠らなければ、間違いなく防げたトラブルです。

まず、谷口さんが見落とした土被りに関しては、役所による土被り調査が終了している区域においては、**下水道管埋設状況図**に記載されており、下水の流れ（上流・下流）とともに読み取ることができます。

調査の際は、**必ず下水道管本管、引込管の口径、埋設位置とともに土被りの確認を行うことが必要**ですが、谷口さんが図面の読み取りを怠ったことが第１の調査ミスです。

次に、浄化槽に関しては、ガレージなどの地下に設置されている場合が多く、円形の蓋や浄化槽内に酸素を送り込む**エアーポンプ（ブロアー）**が近くに設置されています。

今回、谷口さんが、**現地調査の際に浄化槽の蓋やエアーポンプを確認**しなかったことがトラブルの０原因となった第２の調査ミスと言えます。

浄化槽は、種類や大きさ（処理対象人数）に応じた保守点検や定期清掃が法令や条例で定められており、費用は概ね年額５万円ほどは必要になります。

結局、谷口さんの会社が、10年間の浄化槽維持管理費として50万円を負担することで、お客様に納得いただき、話し合いが決着する運びとなりました。

●下水道管理設状況図

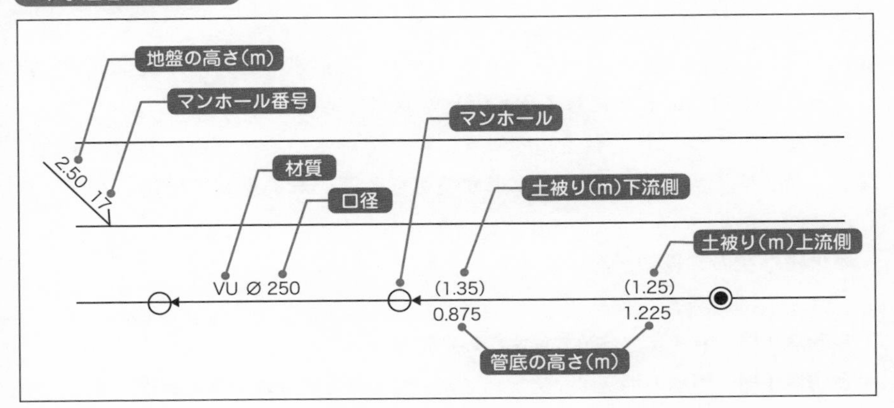

POINT

❶ **下水道調査**は、現地と図面のダブルチェックが原則である。

❷ 敷地内に公共桝があっても下水道と接続されているとは限らない。

❸ 浄化槽使用の可能性も考え、蓋やエアーポンプがないかを確認する。

浄化槽の切り替えは必要？

浄化槽切り替えで想定外の出費！

浄化槽の更新もそろそろ必要な状態ですね。合併浄化槽への切り替えとなると、モノの入れ替えだけじゃなく、付帯工事でけっこうお金がかかりますよ。

やっぱり、浄化槽も古くて交換時期ですかね？　ところで、合併浄化槽って何ですか？　今の浄化槽とどう違うんですか？

私たちの日常生活における生活排水（汚水、雑排水）は、下水道に放流したり、**浄化槽できれいな水にしてから河川や水路に放流**したりしています。

浄化槽は、繁殖させた微生物の働きによって汚水や雑排水を消毒し、きれいな水に浄化する設備で、主に**下水道が整備されていない地域で使用**されています。

浄化槽は次の２種類があります。

- **単独浄化槽**　トイレから流す**汚水のみを処理**する
- **合併浄化槽**　汚水の他、キッチン、浴室、洗面から流す**雑排水も処理**する

単独浄化槽の場合、トイレ以外の浴室やキッチン、洗面からの生活雑排水は、そのまま河川や水路に放流されるため、水質汚濁の原因の１つとなっています。

環境省によると、トイレ以外の生活雑排水は、生活排水全体の**生物化学的酸素要求量（BOD）**＊の 70%以上を占めると言われています。

単独浄化槽の BOD 排出量は、汚水以外の生活雑排水も併せて浄化する合併浄化槽の８倍、つまり単独浄化槽が設置された１軒の住宅で、合併浄化槽を設

置した８軒分のBODを排出し、自然環境に大きな影響を与えているということです。

2000年（平成12年）には浄化槽法が改正され、**単独浄化槽の新設は原則として禁止**され、**既に単独浄化槽を使用している人も合併浄化槽への転換に努める**ものとされました。

- **BODとは**

生物化学的酸素要求量。水質汚濁を表す代表的指標であり、有機物を多く含む汚れた水ほど数値が高くなります。

●単独浄化槽と合併浄化槽

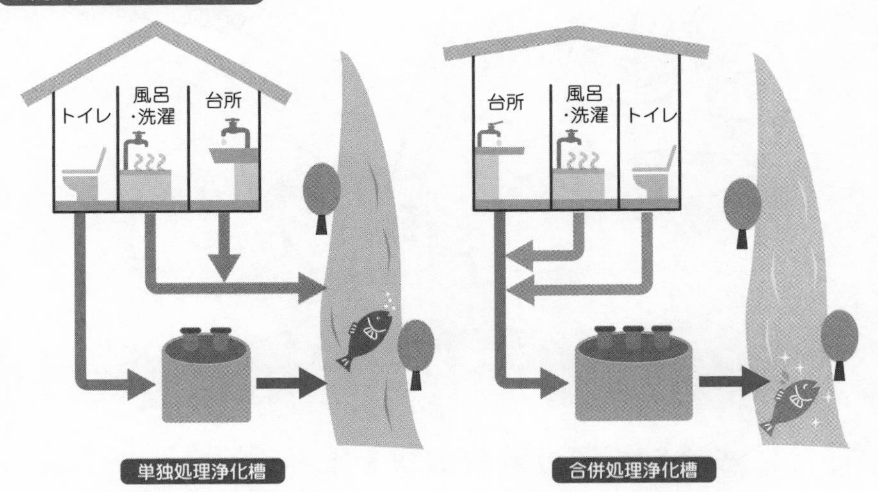

新田さん（45歳）は、築40年ほどの中古住宅を購入し、大規模にリフォームする予定でしたが、**浄化槽の交換工事を巡り想定外の出費**を迫られているようです。

新田さんが購入した住宅は、下水道が整備されておらず**単独浄化槽**を使用していました。

約２年前から空家状態であったこともあり、売主が引渡し後の契約不適合責任（64ページ）を負わないという条件で取引を行ったようです。

空家状態が長かったこともあり建物の経年劣化が進み、屋根や外壁、住宅設備を含む大規模な改修工事が必要な状況です。

当然、単独浄化槽に関しても、交換が必要な状態でしたが、合併浄化槽への切り替え工事となると想像以上に費用がかかることが分かりました。

単独浄化槽から合併浄化槽への切り替えの場合、単に浄化槽設備の入れ替えだけでなく、**浄化槽に接続されているトイレ、キッチン、浴室、洗面などのすべての排水管の改修工事が必要**になります。

しかも、これまで使用してきた単独浄化槽の汲み取り清掃や処分費も必要です。

結局、新田さんの場合、当初予定していたリフォーム費用より約200万円ほどの予算オーバーとなってしまいました。

常に法令＆条例の事前確認を！

新田さん

浄化槽の切り替えは盲点でした……。キッチンや浴室みたいに設備をごっそりと入れ替えたら済むものと甘く考えてました。

池田先生

法令や条例はその都度確認しないといけませんね。自治体の排水許可が下りないことだってあるんですよ。

新田さんの場合、**単独浄化槽から合併浄化槽への切り替えが**必要となりましたが、放流先の河川や水路の状況（氾濫、水質汚濁など）によっては、自治体の排水許可が得られず、**敷地内処理装置の設置など宅内処理**が必要になるケースもあります。

敷地内処理装置とは、浄化槽で浄化された生活排水を更に処理装置できれいにし、一部は土壌浸透、一部は大気中に蒸発散させる設備です。

この場合、浄化槽切り替えのような費用面だけでなく、敷地に処理装置を設置できるだけのスペースも必要になります。

自治体への事前調査を怠り、不動産取引や建築計画を立ててしまうと取り返しのつかない状況を招きかねません。

幸いなことに、新田さんの生活する地域では、合併浄化槽への切り替え工事費の一部に**自治体の補助制度**が活用できたため、負担を軽減することができました。

新田さんにとって、追加費用は決して小さくはありませんでしたが、それ以上に学ぶことも多かったようです。

●浄化槽

POINT

❶ 合併浄化槽に比較し、**単独浄化槽は水質汚濁への影響が非常に大きい。**

❷ **単独浄化槽は新設禁止。**環境保護のため合併浄化槽への切り替えに努める。

❸ 合併浄化槽への切り替えには、**自治体の補助制度の活用**を検討する。

都市ガスだと思ったらプロパンガスだった

思い込みは失敗のもと

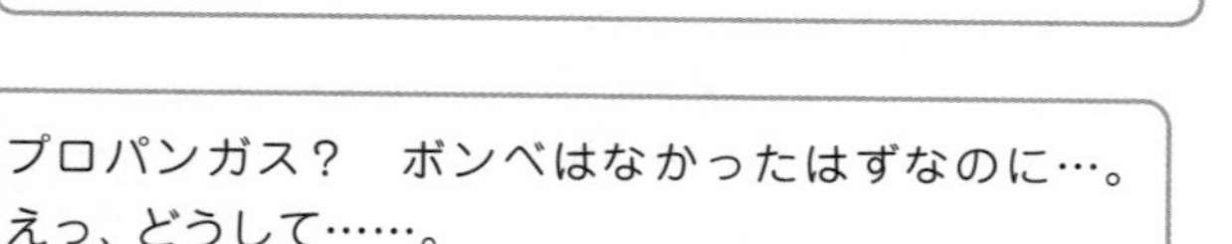

プロパンガス？　ボンベはなかったはずなのに…。
えっ、どうして……。

ガスは、料理を作ったりお風呂を沸かしたり、家庭内で日常的に使用している重要なライフラインです。ガスには**都市ガス**と**プロパンガス**の２種類があります。

特徴	都市ガス	プロパンガス
ガスの原料	メタンが主成分の液化天然ガス	プロパンやブタンが主成分の液化石油ガス
ガスの重さ	空気より軽い。ガス漏れがあると室内の上に溜まる	空気より重い。ガス漏れがあると室内の下に溜まる
供給する会社	自治体のガス局、各地域の都市ガス供給会社	個別の民間ガス会社
供給の方法	地中のガス管から各家庭へ直接供給される	ボンベやバルクで各家庭へ個別に配送される

都市部で生活する人は、「ガスは都市ガス」と当たり前のように思いがちです。

都市ガスの供給エリア内でも、プロパンやブタンを主な成分とする液化石油ガスのプロパンガスを使用している住宅があるので注意が必要です。

プロパンガスには、各戸にボンベを設置する**個別方式**と、数世帯がまとまって、1箇所に設置した大型ボンベや、バルクタンクと呼ばれるガス貯蔵容器から、地下に埋設されたガス管を通じて供給を受ける**集中方式**があります。

●プロパンガスのボンベ供給とバルク供給

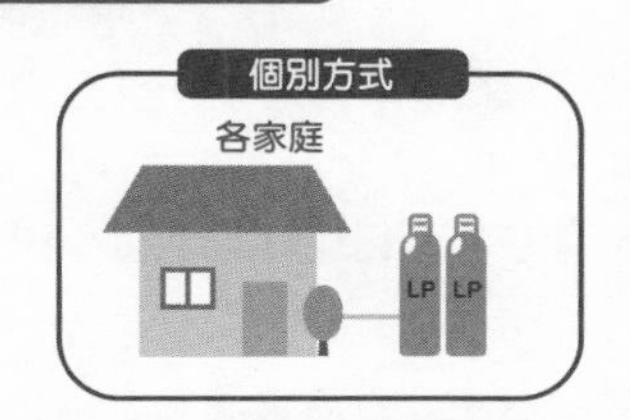

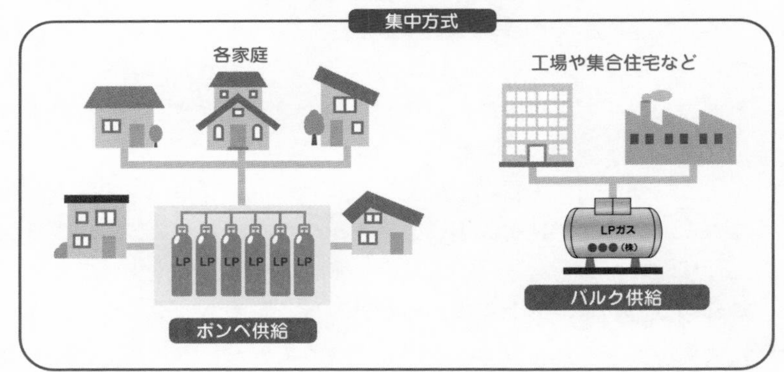

プロパンガスを利用する集合住宅や工場などでは、**集中方式が一般的**です。

不動産業者に勤務する森山さん（28歳）は、不動産業界で3年ほどのキャリアになります。マンション仲介が主な業務で、1人で一戸建の調査を行い取引したのは今回が初めての経験でした。

都市ガスだと判断した物件が、実はプロパンガスだったというウソのようなのエピソードです。

どうして、森山さんは、そのようなミスを犯してしまったのでしょうか。

どうして、都市ガスだと思い込んでしまったのですか？

敷地内にガスボンベが見当たらなかったので、てっきり都市ガスかと……。

都市ガスはこうして見分ける！

森山さんには、**「プロパンガス＝ガスボンベ」という思い込み**があったようですが、調査上の決定的な問題点は、都市ガスの供給の有無を確認していなかったことです。

都市ガスの供給に関しては、いくつかの確認ポイントとなる「目印」があります。

例えば、**道路側に「G」と書かれた目印**があれば、**道路内のガス管の埋設位置を確認**できます。

敷地内にガス管の埋設位置を示す「**ガス管注意**」の標示杭があれば、都市ガスが敷地内まで引き込みされていることが確認できます。

また、建物内への引き込みに関しては、**ガスメーターやガス給湯器**に貼付されているステッカーの「**ガス種：都市ガス**」という記載で確認することができます。

もし、このような都市ガスの目印が見当たらなければ、**プロパンガス**を利用している可能性があるので、建物周辺に**ガスボンベ**が設置されていないかを確認することになります。

そして、敷地内にガスボンベが見当たらなければ、集中方式の可能性があるため、近隣に大型ボンベやバルクタンクが設置されていないか、住人に聞き込み調査を行うことになります。

●都市ガスの目印

ガス管埋設状況図を確認する

ガス会社から入手できる「**ガス管埋設状況図**」を入手することにより、**都市ガスの供給エリアかどうか**、都市ガスが供給されていれば、**ガス管の引込位置や本管と引込管の口径**などを確認できます。

森山さんが、現地とガス会社に対する調査を怠らなければ、仮にプロパンガスの集中方式に対する知識がなかったとしても、敷地内にガスボンベが設置されていないことに対して疑問を持つことができたはずです。

すべては「ガスは都市ガス」という思い込みから起こしてしまった大失敗と言えるでしょう。

プロパンガス料金は業者により様々

プロパンガスの場合、都市ガスとの比較で一番に気になる点が**料金**です。

個別方式も集中方式も、プロパンガス業者によって料金は様々です。

都市ガスを使い慣れた方はプロパンガスの料金の高さに驚くケースもあるようです。

プロパンガス業者を変更することは可能ですが、料金だけでなく利用期間など契約内容をしっかりと確認しないと、変更のタイミングによってはプロパンガス業者から違約金を請求されるケースもあります。

これは都市ガスへの切り替えに関しても同様です。

プロパンガス
- 販売店で料金差がある
- 都市ガスより高いが熱量は強

都市ガス
- 規制料金から自由化に
- プロパンより安い

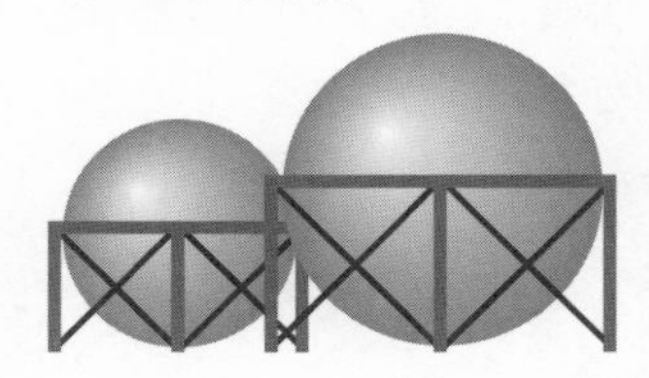

●洗面所のガス給湯

●風呂のガス給湯

●ガスコンロ

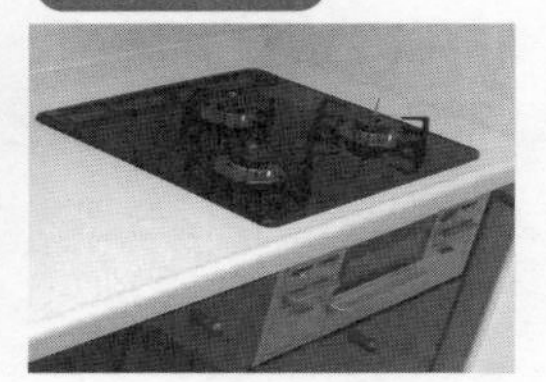

調査の結果、隣りの区画までは都市ガス供給エリア内にあることが分かりました。

森山さんのお客様宅の前面道路には都市ガス本管が設備されておらず、現時点では、都市ガスへの切り替えは不可能な状況です。

森山さんも、お客様宅に何度も足を運び、プロパンガス業者の変更を提案しているようですが、現在の業者に対して支払うことになる違約金を考えると、変更後との料金差では採算が合わず納得を得られません。

森山さんのお客様のように、これまで都市ガスしか利用したことのないお客様であればなおさらです。

結局、森山さんの勤める会社が調査上の重大なミスを認め、プロパンガス業者の変更に際し必要となる違約金相当額を負担し、なおかつ、成約時にお客様から受領した報酬額の50%を返金することで合意に至りました。

ライフライン調査は二人三脚で行う

不動産の調査、取引条件の折衝、住宅ローンの手続きなど、取引設立に至るまでの時間と労力、取引に関わる責任を考えると、森山さんの会社が負担することになったペナルティは決して小さいものではありません。

しかしながら、森山さんの誤った説明によって、大きなトラブルに巻き込まれ、今後もプロパンガスを使い続けていくことになるお客様のダメージは計り知れません。

上下水道、ガス、電気などライフラインは、私たちの日常生活になくてはならない生命線です。

１つひとつの調査は骨の折れる作業の繰り返しとなりますが、取り返しの付かない失敗を犯さないためにも、不動産業者とお客様自身が二人三脚で確認し合う慎重な姿勢が必要です。

POINT

❶ 都市ガス供給エリア内でも「**ガスは都市ガス**」と思い込まない。

❷ **都市ガス供給の確認ポイント**「目印」を現地で繰り返しチェックする。

❸ プロパンガスには**個別方式**と**集中方式**があり、ガス業者との契約内容が重要。

電柱に注意！送電線と配電線

送電線下でまさかの建築不可!?

武田さんの土地ですが、送電線下の建築制限範囲内にあり、工場を建てることができません。

どういうことですか？　送電線って何ですか？

私たちが日頃よく目にする電柱や電線は、私たちの生活になくてはならない電気の供給施設です。

電線には「送電線」と「配電線」の２種類があります。

送電線とは、発電所と変電所間を経由する電線で**高圧線も送電線の１つ**です。

●電気はこうして運ばれる

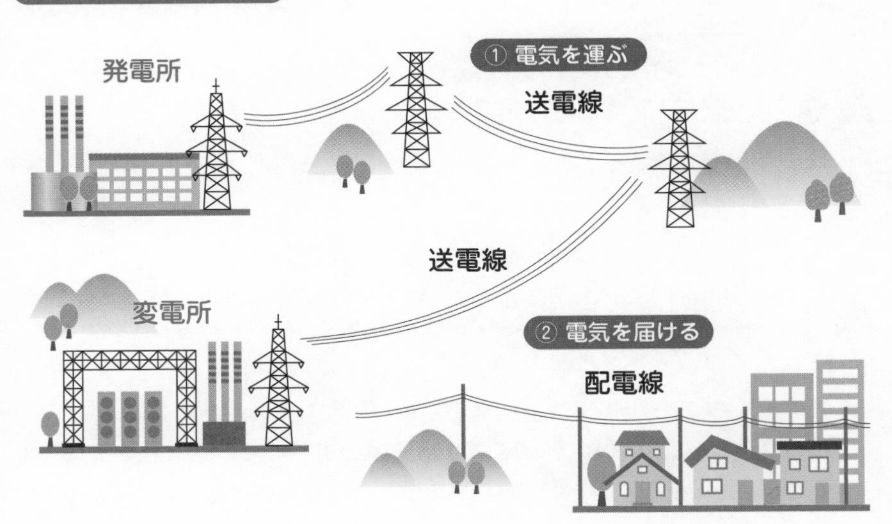

一方、**配電線**は、変電所（変圧器）と私たちの家庭をつなぐ電線で、電柱に電線を架線した**架空配電線**と、地中にケーブルを埋設した**地中配電線**があります。

電気の供給施設の中で、特に注意が必要なのが上空を走る**送電線**の存在です。

送電線には、家庭に供給される安全な低電圧の電気に変わる前の何千ボルト、何万ボルトという高電圧の電気が流れています。

接触や破損による感電や火災など重大な事故を引き起こす危険性があるため、**対象地の上空に送電線がある場合、様々な建築制限を受ける**ことになります。

武田さん（50 歳）は、自動車整備工場を営む男性です。

真面目で誠実な仕事ぶりから業績も好調。業務拡大で現在の作業所が手狭になったため移転先となる工場用地を探していました。

不動産サイトで見つけた格安物件に購入意欲が高まり、迷うことなく契約を締結しました。

その後、取引銀行からの借り入れの目処も付き、工場の新築プランを考えながら充実した日々を送っていたのでした。

そんなある日、建築士からの一本の電話で、予定していた工場が建築できないと告げられたのです。

池田先生、購入した土地に工場が建てられないって言われたのですが、どうしたらよいのでしょうか。

どうして建築できないと言われたのですか？

何か電気がどうとか、送電線がどうとかって、なぜでしょうか？

送電線下の建築制限ですね。確認してみましょう。

電気事業法に基づき制定された「**電気設備に関する技術基準**」では、

「建造物は送電線最外線から水平に 3 m未満の範囲、及び電線との離隔（電線が風で揺れた場合も考慮）が 5.76 m未満となる範囲には建築できない」

と定められています。

調査の結果、武田さんの購入した土地も、上記の送電線下の建築制限範囲内にあることが分かりました。

●送電線下の建築制限範囲

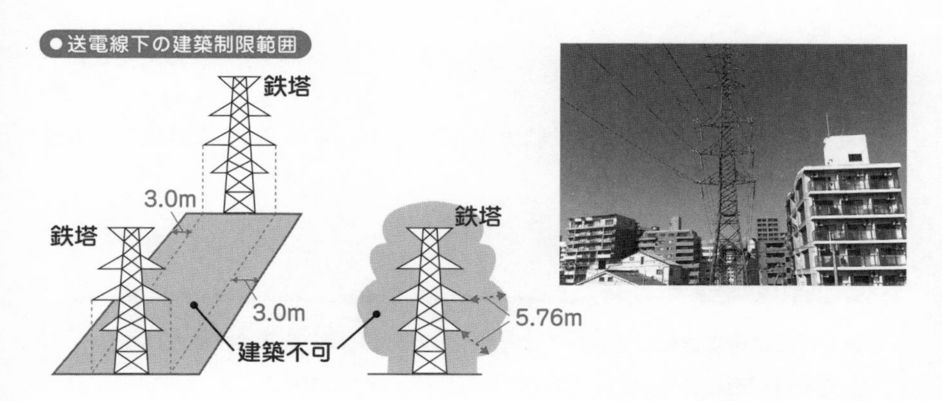

土地の登記情報と電力会社への確認は必須！

送電線が上空にある場合、電力会社と「**送電線架設保持に関する契約書**」を取り交わし、土地に**地役権**＊が設定されていることがあるため、**登記簿謄本の内容を確認することが重要**です。

ただし、すべてのケースで地役権が設定されているわけではないため、現地確認時、対象地周辺に送電線がある場合は必ず**電力会社に問い合わせ**を行うことが必要です。

● 地役権とは

他人の土地を自分の土地の便益のために利用することができる権利。通行を目的とした**通行地役権**や高圧送電線の安全確保のための**送電線路敷設地役権**など。

武田さんが購入した土地は地役権が設定されていませんでした。

売主も、送電線下の建築制限を受けない月極駐車場として長年利用していたこともあり、**不動産業者が送電線の存在を見落とし調査を怠った**のが、今回のトラブルの原因でした。

結局、武田さんは売主との話し合いにより契約を合意解除し、支払った手付金の返金を受けることができました。

電気の場合、送電線下の建築制限の他、電磁波や電波障害など、実際に生活してみないと分からないリスクがたくさん存在します。

しかし、繰り返し現地に足を運び、対象地周辺の鉄塔の存在や上空を走る高圧線、近隣やマンション屋上に設置された携帯基地局などの存在をチェックすることで、リスクを想定することは可能です。

不動産取引には、知識や経験の乏しい消費者が陥りがちな危険がたくさん潜んでいます。

不動産購入や不動産調査は、机上の確認に止まらず、**「現地100回」**の意識と姿勢で挑みましょう。

POINT

❶ 電線には**送電線と配電線**があり、上空を走る送電線の存在は要注意である。
❷ **対象地付近に送電線**がある場合、登記情報と電力会社への確認は必ず行う。
❸ 机上の確認に止まらず、繰り返し現地に足を運び、疑問点は放置しない。

Column

集合住宅の電気容量

マンション、アパートなどの集合住宅では、建物1棟に供給されている電気容量を各住戸に振り分けています。例えば、賃貸マンションの店舗部分の契約希望者が電力消費の多い業種（製造業など）であった場合、既に他室で使用されている契約容量によっては、建物全体での契約内容の変更（低圧電力⇒高圧電力など）が必要となり、入居を断られるケースがあります。

分譲マンションの場合、各住戸で利用可能な電気容量が決められています。ファミリータイプであれば40Ａから60Ａが理想的ですが、古いマンションでは30Ａ以下というところもあります。ＩＨクッキングヒーターや床暖房、オーブントースターなど電力消費の多い住宅設備や家電製品を使用したくても、電気容量を増設できないケースがあるため、事前に管理会社や管理組合に相談しましょう。

マンションン生活は トラブルがいっぱい

自宅を事務所にするのは規約違反？

トラブルいっぱいのマンションの基礎知識

マンションはライフスタイルの異なる住人が生活する共同住宅です。

そこでは騒音、ペット飼育、管理費の滞納、用途違反などたくさんのトラブルが次々と起こっています。

最初に、マンションで起こる様々なトラブル事例を学ぶ前に、基本的な共同住宅に関する知識を整理しておきましょう。

まず、**賃貸マンション**のように、建物１棟に対し所有者が１人（法人の場合１社）である集合住宅に対し、**分譲マンション**のように、101 号、201 号と部屋の数だけ所有者が存在する建物を「**区分所有建物**」と言います。

これは「**区分所有法**」**（建物の区分所有等に関する法律）**という法律があり、１つひとつの部屋に「**区分所有権」という独立した所有権**が認められた建物です。

賃貸マンション	●建物１棟に対し所有者（貸主）は１人 ●貸主と入居者の関係
分譲マンション	●部屋の数だけ所有者や所有権が存在 ●１つひとつの部屋が「区分所有建物」

そして、区分所有権を持つ１人ひとりの所有者を「**区分所有者**」、マンション全体を管理運営するために構成された区分所有者全員による団体を「**管理組合**」と言います。

区分所有法では、**区分所有権**の対象となる１つひとつの部屋を「**専有部分**」、専有部分以外のすべての部分を「**共用部分**」と定めています。

共用部分のうち、エントランス、階段、廊下、エレベーターなど、一般的に誰から見ても共用部分と分かる部分を「**法定共用部分**」と言います。

また、管理人室、集会室など構造的にも機能的にも本来は専有部分とすべき部分を**管理規約**＊で共用部分と定めたところを「**規約共用部分**」と言います。

その他、駐輪場や駐車場、ゴミ集積場などの共用施設、建物の屋根、壁、支柱、基礎などの躯体や構造部分、そして、電気設備や給排水設備なども専有部分側に位置する部分以外は共用部分の扱いになります。

● **管理規約とは**

マンション生活におけるルールブックです。管理組合の多くは、国土交通省の「マンション標準管理規約」を参考に、組合ごとの個別事情に応じた加筆修正を行っています。また、管理規約の他に、専有部分の改修工事、ペット飼育、駐車場や駐輪場の利用方法など共同生活上の詳細ルールをまとめた使用細則があります。

●専有部分と共用部分の断面図

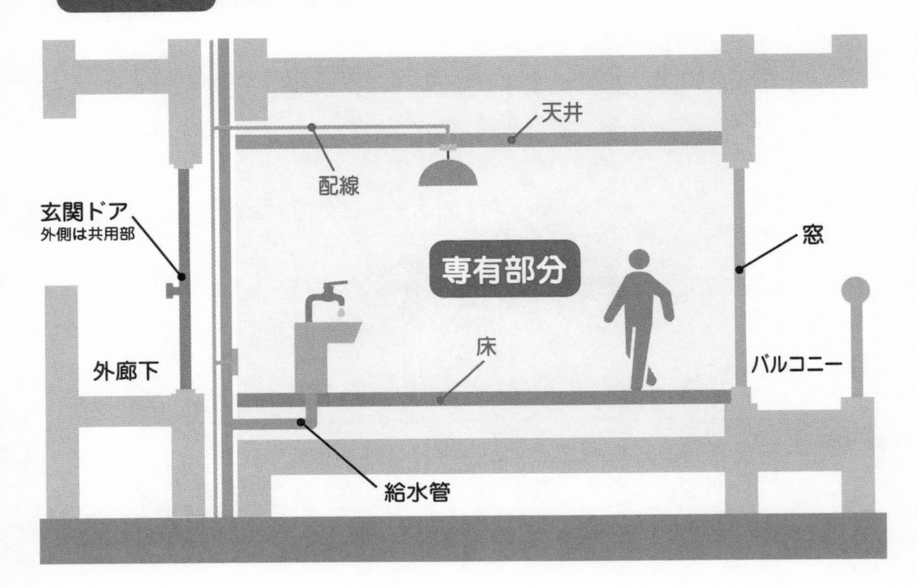

専有部分でも自由に使用できない

最近、田中さんの部屋を訪ねて来る見知らぬ人が多いのですが、事務所として利用されているのは管理規約違反になりますよ。

専有部分は自分の所有だから、どう使用しようが自由じゃないでしょうか？

マンショントラブルの代表的なものに、**専有部分の利用の「用途」**があります。専有部分の用途に関しては、住宅、事務所、店舗など管理規約に定められており、規定された用途以外で利用することは管理規約違反となります。

この用途違反に関して最も多いトラブルが、**住宅を事務所として利用しているケース**です。

一見、住宅は住宅、事務所は事務所として利用するのは当たり前のことのようですが、都市部や商業地にある物件では決して珍しいトラブルではありません。実際、SOHO（スモールオフィス・ホームオフィス）と言われる住宅・事務所兼用の使用形態があり、管理規約違反となるかどうかの見極めが難しいケースもあります。

相談に来たのはフリーランスのプログラマーとして活動する田中さん（28歳）です。

管理規約で住宅として規定されている専有部分を事務所として利用し住民以外の訪問者の出入りが多かったことから、管理組合との間でトラブルに発展してしまいました。

管理組合から規約違反と指摘されたことに心当たりはありますか？　例えば、不特定多数の訪問者がマンションに出入りするようになったとか。

確かに、最近、訪問者が増えたと理事長に言われました。

管理組合は他の**住人への影響の有無を最も重視**します。マンション住人以外の来訪者が増えて防犯面に不安を抱く人もいたのではないでしょうか。

田中さんに確認したところ、明らかに他のマンション住人に影響を与えるような住居の使い方になっていったことが確認できました。

フリーランスのプログラマーである田中さんは、マンション購入時は、自室の1室を業務用として利用していました。

主たる用途は住宅であり、業務に関わる訪問者や来客はなく、他の住人に迷惑をかけることはないと管理組合に説明していました。

管理組合側も以下の条件付きでSOHOとしての利用を承諾したのでした。

■ 管理組合からの条件

❶ **業務に関わる訪問者や来客を認めない**
⇒〔結果〕業績が伸びたことで取引先や来客が多くなった

❷ **集合ポストや玄関ドアに業務に関わる表札や看板は設置しない**
⇒〔結果〕集合ポストと玄関ドアの表札が個人から会社に変更された

❸ **マンション所在地を本店とする法人登記は行わない**
⇒〔結果〕マンション所在地を本店所在地とする法人登記を行った

ところが、3年ほど経過した頃には他の住人から「マンション住人以外の人の出入りが多い」と管理組合に苦情が寄せられるようになっていきます。

義務違反者に対する4つの措置

区分所有法では、**建物の保存に有害な行為や区分所有者全体の共同の利益に反する行為を行うことを禁止**しています。

このような他の区分所有者に対する迷惑行為を行う者を**義務違反者**と言い「**4つの措置**」を設けています。

■ 義務違反者に対する4つの措置

❶ 行為の停止などの請求（区分所有法第57条）

区分所有者は迷惑行為を行う区分所有者に対し、迷惑行為をやめるよう請求することができます。

❷ 使用禁止の請求（区分所有法第58条）

行為の停止などの請求により迷惑行為が収まらず共同生活に与える影響が大きいと判断される場合は、義務違反者に対し専有部分の一定期間の使用禁止を請求することが可能です。使用禁止の請求は、必ず裁判により行うことになります。

❸ 区分所有権の競売の請求（区分所有法第59条）

専有部分の一定期間の使用禁止では状況が改善されず、将来的にも著しい悪影響が予測される場合、管理組合は裁判によって義務違反者の専有部分の競売を請求することができます。

❹ 占有者に対する引渡し請求（区分所有法第60条）

マンション内で迷惑行為を行っている者が占有者（賃借人など）で、❶行為の停止などの請求では状況の改善が見られず、共同生活に悪影響を及ぼすと判断した場合、管理組合は裁判をよって占有者に対する物件の引渡しを請求することが可能です。

田中さんは管理組合との話し合いを行うことで、他の住人にどのような影響が生じていたかを理解することができました。

特に、小さい子供や高齢者の住む家庭では、マンション住人以外の人の出入りが多い状況に不安を抱くのは当然のことです。

結局、田中さんは管理規約に定める用途に対する認識が甘かったことを反省し、自宅近くの賃貸事務所を契約することにしました。

POINT

❶ **管理規約・使用細則**はマンション生活を行う上でのルールブックである。

❷ 用途違反など管理規約違反の判断は**他の住人への影響の有無**が前提となる。

❸ **区分所有法**では義務違反者対する「4つの措置」を定めている。

トラブル原因はフローリングの遮音性能

マンショントラブルNo.1は騒音問題

マンションで最も深刻な問題の１つが**騒音トラブル**です。階下に響く生活音の他、ピアノなど楽器類の演奏やペットの鳴き声など内容も様々です。

住人間のトラブルが長期化することにより、騒音で悩まされている人も苦情を言われた人も日常の生活音に対して過敏になります。

多大なストレスを抱えた挙句、最悪は当事者が引越しを余儀なくされることも珍しくありません。

騒音トラブルが難しい点は、騒音で悩まされている人にとって、かなりの精神的苦痛を伴うものでも、**迷惑をかけている側の人にその意識がない**場合が多いところです。

古里さん（32歳）は、半年程前に中古マンションを購入し、新しい生活にも慣れてきた頃、階下の住人から足音がうるさいと数回に渡り、管理会社に苦情が入るようになりました。

古里さん、下の階の方から深夜まで足音がうるさいと苦情が続いてまして……。

私は半年前に転居してきたばかりですが、子供たちにも夜は静かにするよう言い聞かせてますよ。

お部屋の中でフローリングを使用しているところはありますか？

ええ、リビングや子供部屋がフローリングですが、それが何か？

フローリングには遮音等級がある

マンションの管理規約には、**専有部分における改装工事に関する規定**が定められています。

特にフローリング工事に関しては、階下に響く音の影響を考慮し、「**遮音等級L45以上の性能を確保すること**」といった内容で、**階下に対する防音対策**を講じるよう規定されている場合が多く、この要件を守らなければ工事ができません。

また、既に使用されているフローリングが規定に合わないことが判明した場合は、管理組合から改装など改善要請がなされることになります。

フローリング床材の遮音性能について

ここで少し、床材の遮音性能に関して、説明しておきましょう。建物内で人が歩いたり、物を床に落としたりした場合に階下に響く音のことを**床衝撃音**と言い、音の特性によって**重量床衝撃音（LH）**と**軽量床衝撃音（LL）**に分けられます。

重量床衝撃音（LH）とは、子供が飛び跳ねたり、椅子を動かしたりした時に階下に「ドスン！」と響く重く低い音です。

軽量床衝撃音（LL）とは、食器を床に落とした時などに「コツン！」と響く軽く高い音を言います。

フローリングなど**床材の遮音性能の基準**は、「**L値**」または「**L等級**」という遮音等級で表され、数値が小さいほど防音レベルが高くなります。

マンションなど集合住宅の場合、**遮音等級L45**以下を管理規約で規定しているところが多く、工事実施に際し、上下両隣の住戸の同意書の取得を条件付けている管理組合もあります。

■ **遮音等級一覧**

日本建築学会における適用等級と対応するL等級（集合住宅の場合）

適用等級	遮音性能の水準	重量衝撃源	軽量衝撃源
特級	遮音性能上、特に優れている	L-45	L-40
1級	遮音性能上、優れている	L-50	L-45
2級	遮音性能上、標準的である	L-55	L-55
3級	遮音性能上、やや劣る	L-60・65 ※	L-60

※木造、軽量鉄骨造またはこれに類する構造の集合住宅に適用

費用を抑えてフローリングを選択した結果は？

古里さんのお部屋で使用されているフローリングは、20年程前に前所有者によって張り替えられたものです。これが管理規約上の規定と要件を充たす床材が使用されているかがポイントになります。

まず、フローリング工事に関する管理規約上の規定を確認したところ『フローリング工事を行う場合、**軽量床衝撃音LL-45以上の性能**にしなければならない』とされていました。

この規定は**5年程前に管理規約の変更により追加**されたものです。

変更前の管理規約には、フローリングの遮音性能を始め専有部分の内装工事に関わる細則が定められていなかったようです。

マンション内で多発する騒音トラブルを受け、管理組合が管理規約の変更に踏み切ったという経緯で管理規約が変更されるに至っています。

問題は、古里さんのお部屋のフローリングが**現在の管理規約の規定を満たしているか**という点です。

前所有者がフローリング工事を行ったという20年程前は、管理規約上にフローリングの遮音性能に関する規定がなかった時期です。

規定された遮音性能（軽量床衝撃音LL-45）に劣る床材が使用されていたとしても不思議ではありません。

遮音性能の劣る床材と判明

調査の結果、古里さんのお部屋で使用されているフローリングは管理規約に定める遮音性能を充たしていないことが判りました。

日本建築学会における適応等級と対応するL等級の規定によれば、集合住宅で推奨されている**軽量床衝撃音LL-45が適用等級1級**（遮音性能上、優れている）です。

現在は、多くのマンションで、使用可能な床材として遮音性能LL-45以下を管理規約で規定しています。

当時、古里さんの前所有者が、どうして遮音性能の劣るフローリングを選択したのかは定かでありません。

マンション内で騒音トラブルが深刻化する前であったため費用的に安価なものを優先したのかも知れません。

しかし、その後、マンション内で騒音トラブルが多発し問題が深刻化している点を考えると、**管理規約に改装工事に関する具体的な規定が設けられていな**

い時ほど、専門家の意見やアドバイスを参考に適切な判断をすべきであることが理解できます。

個々の住人が独自の判断で改装工事を実施してしまうと、騒音問題などが起こる危険性が極めて高いということです。

これは、改装工事だけでなく、ペット飼育や駐輪場の使用などについても言えることです。

古里さんの事例は、マンションにおける管理規約の重要性、管理組合における問題や課題など実情に応じた適正な管理規約の変更の必要性を再認識すべき内容と言えるでしょう。

フローリング遮音性能＆床の仕上げがポイント

現在のフローリングが下の方に迷惑をかけているのであれば、張り替えるしかありませんよね。

階下の人との良好な関係を一番に考え努力されるべきですね。あと、マンションでは**フローリングの遮音性能だけでなく床の仕上げにも注目**すべきですよ。

相談の結果、古里さんはリビングと子供部屋の床を管理規約に規定されている遮音等級**LL-45のフローリングに張替え**することになりました。

また、マンションの遮音性を考える上で覚えておきたいもう１つの知識があります。

それは、**床の仕上げ**です。

マンションの床の仕上げには、**二重床と直床（じかゆか）という２種類**があります。

二重床の場合、床コンクリート（床スラブ）の上に高さ10㎝ほどの支柱を一定間隔で並べ、その上に床パネルとフローリングを敷く工法です。

床スラブとの空間に給排水管を通すことができるため、間取り変更など内装工事の自由度が上がります。

また、騒音との関係においては、**軽量床衝撃音に対しては効果が期待**できますが、**重量床衝撃音**に対しては、太鼓を叩いた時のような**反響音が伝わる「太鼓現象」が起こる**ことがあります。

一方、**直床**は、床スラブの上に直接、フローリングを敷き込む工法であるため、床スラブの厚さが遮音性に直接影響します。

管理規約に遮音性能の高い**LL-40のフローリングを使用するよう規定されている場合、直床の可能性**があります。緩衝材が厚く歩くとフワフワ感のあるものです。

直床の場合、給排水管の位置が固定されるため、リフォームの際、キッチンや浴室、トイレなど**水回り設備の移動が難しいというデメリット**があります。

冬場に足元が寒く感じるのも直床の特徴の1つです。

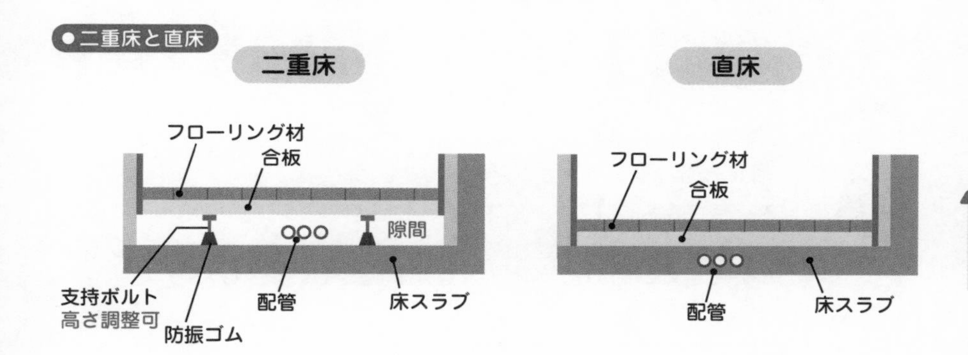

 信頼関係回復に努める意識と姿勢が大事です！

古里さんのお部屋では、**フローリングの遮音性能がトラブルの原因**であることが分かりました。しかし、管理規約に規定された要件を充たす内装工事が実施されていても問題は起こってしまいます。

その場合、特に音が気になる時間帯や部屋の位置などを正確に把握した上で、生活時間の長い居間や子供部屋にカーペット類など敷物を敷いてみるなど、当事者間で時間をかけて話し合い、対応法を検討することが必要です。

大切なのは、お互いに相手の立場で考えて、失われた信頼関係回復に努める意識と姿勢です。

POINT

❶ フローリングは管理規約に規定された**遮音性能・遮音等級を確認**する。
❷ マンションの遮音性は**フローリング遮音性能と床の仕上げ**に注目する。
❸ **騒音トラブル**では、信頼関係回復に努める意識と姿勢が最重要である。

上手に弾けても騒音扱い

日常生活の騒音レベルとは

マンション内で起こる**代表的な騒音トラブル**には、階下への足音やピアノなど**楽器類の演奏、大音響での音楽鑑賞**などがあります。

階下に響く生活音は、フローリングの遮音性能を高めたり、日常よく使用する部屋にカーペットを敷いたりといった防音対策である程度は解消できます。

しかし、楽器類の場合、音が大きく建物内に響き渡るため、窓や扉を締め切った状態でも外部に音が漏れてしまいます。

法律で定められた騒音の基準値

環境基本法では、人の健康の保護に資する上で維持されることが**望ましい基準「環境基準」としての騒音の基準値**を次のように定めています。

（a）療養施設、社会福祉施設などが集合して設置される地域など特に静寂を要する地域 ⇒（昼間）50デシベル以下（夜間）40デシベル以下

（b）専ら住居の用に供される地域および主として住居の用に供される地域 ⇒（昼間）55デシベル以下（夜間）45デシベル以下

（c）相当数の住居と併せて商業、工業などの用に供される地域
⇒（昼間）60デシベル以下（夜間）50デシベル以下

※道路に面する場所では、上記基準地に5デシベルから15デシベルを加算した数値、幹線道路に近接する場所については、（昼間）70デシベル以下（夜間）65デシベル以下とする。

※（昼間）午前6時から午後10時（夜間）午後10時から翌日午前6時

騒音はどの程度の音で発生する？

日常生活による騒音レベルはどの程度かというと、テレビやラジオ、掃除機の音などが約50～60デシベルとなり、夜間でなければ問題になりませんが、犬の鳴き声やステレオ音響は約70～80デシベルほどになるため、注意しないと時間帯によってはトラブルになる可能性があります。

では、問題の楽器類はどうでしょう。

アコースティックギターやヴァイオリンの場合、約80～90デシベルほどで、騒々しい工場やパチンコ店レベルです。

トランペットやサックス、ドラムの場合、約100～120デシベル程度で、電車のガード下や落雷レベルとなるため、プロ級の腕前でも周囲の住人にとってはたまったものではありません。

下手くそであればなおさらです（笑）。

■騒音のレベル

dB	騒音レベル	例
110～120	極めてうるさい	トランペット・サックス・ドラム （電車のガード下・落雷レベル）
100	うるさい	ピアノ
80～90	うるさい	アコースティックギター・ヴァイオリン （騒々しい工場・パチンコ店レベル）
70	ややうるさい	犬の鳴き声・ステレオ音響
50～60	日常生活	テレビ・ラジオ・掃除機をかける音

子供の習い事からトラブルに！

山根さんご夫婦は、５歳の娘さんの習い事（ピアノ）が原因で隣に住む仲のいいママ友と何やら険悪なムードになってしまいました。

子供の習い事の中でも特に人気のある**ピアノ演奏の音は、約 90 ～ 100 デシベルの騒音レベル**です。

集合住宅の１室で演奏するには、防音室や防音壁の設置などしっかりとした防音対策が必要になります。

習い始めの頃は、何度も同じフレーズを演奏し、また同じところでとちる。

音楽に関心のない人や日頃からのお付き合いのない人、夜勤が多く昼間に休みを取る人などにとっては、連日の苛立ちやストレスからトラブルになるのも無理はないでしょう。

山根さんのお友達も、ピアノの音が気になってはいても、子供の幼稚園も同じ顔見知りであるがゆえに言い出せないで悩んでいる可能性があります。

池田先生

ピアノの演奏に関する管理規約の規定は読まれましたか？

山根さん（夫）

管理規約には楽器類の演奏に関する具体的な記載がありませんでした。

池田先生

防音室の設置や防音工事の実施は検討されましたか？

山根さん（妻）

最近ピアノを始めたばかりで、防音対策までは考えていませんでした。

マンションの楽器演奏の規約はどうなっている？

マンション内での楽器類の使用に関しては、まず管理規約上の定めを確認することが大切です。

楽器類の使用が完全に禁止されているのであれば、専有部分での演奏は行うことはできず、違反すれば管理組合から楽器類の使用を止めるよう請求を受けることになります。

山根さんのマンションのように、管理規約上、楽器使用に関する定めがない場合には、防音室の設置や防音工事の実施などを前提に、**演奏可能な時間帯など当事者間で納得のできる妥協点を話し合うことが必要**です。

管理組合の立場からすべきことは、楽器使用に伴う騒音は代表的なトラブルであるため、フローリング工事に関する規制同様、明確なルールを設けることです。

管理組合として、楽器使用を禁止するのかしないのか、許可するのであれば、使用できる楽器の種類、演奏可能な時間帯、夜間の演奏禁止、防音工事の実施など、**管理規約上に楽器類使用に関する細則を設ける**ことが重要です。

幸いなことに、山根さんのご主人は、今期、マンションの理事を任されており、楽器使用に関する明確なルール作りを管理組合に働きかけることになりました。

また、子供部屋に楽器メーカーの防音室を設置し、練習時間も夕食までの1時間だけにすることを家族で取り決め、迷惑をかけたお友達とも話し合いをすることになりました。

管理組合への積極的な働きかけと、防音対策など家族内でのルール作りという山根さんご夫婦の誠意がお友達にも理解され、仲のいいママ友関係に戻りつつあるようです。

POINT

❶ **マンション内での楽器使用**に関しては、必ず管理規約上の定めを確認する。

❷ 防音室や防音壁の設置など、具体的な**防音対策**を行った上で楽器を演奏する。

❸ 楽器の種類、演奏可能な時間帯など**管理規約上に明確なルール**を設ける。

ウチのワンちゃんはお利口です

トラブルの原因は管理規約の曖昧な規定

このマンションはペット飼育禁止です。最近、他の住人さんからの相談が増えているんです。

禁止？　ウチのワンちゃんはお利口だから、迷惑も危害も加えませんよ！

マンション内でのペット飼育は、フローリングや楽器による騒音問題と同様に、一度トラブルが起こると、解決するまでに時間のかかる問題の１つです。

ペット飼育トラブルは、鳴き声だけでなく異臭や排尿、抜け毛など、マンション内での生活マナーを巡って、問題が深刻化するケースが少なくありません。

現在、少子高齢化が進む日本では、ペット需要の高まりとともにペット共生型マンションも増加傾向にあり、「ペットは家族同然」という飼育者にとって生活環境の選択肢も年々増え続けています。

一方で、**既存マンションを中心にペット飼育を巡るトラブルも多発**しているのが現実です。

特に既存マンションで問題が深刻化しているケースとしては、**管理規約上の曖昧な規定が住人を困惑させる原因の１つになっている**ことも少なくありません。

代表例として「**他の居住者に迷惑または危害を加える恐れのある動物の飼育を禁止する**」という条文です。

形式上はペット飼育を禁止していますが、「うちのワンちゃんは迷

惑も危害も加えないから大丈夫」という飼育者が増え、管理状態が形骸化しそれがトラブルへと発展します。

管理組合側も規定が曖昧であるがゆえに、ペット飼育を巡るトラブルへの対応が不十分のまま、問題が長期化し深刻化することが多いのです。

段階的対応がトラブル解決のキーポイント！

今回の相談者である桜井さん（65歳）が理事長を務めるマンションでも、管理規約上の曖昧な規定が原因となり、年々、**ペット飼育者が増え続けてトラブルが多発**しています。

管理組合としても事態を重く捉え、ペット飼育禁止を前提にたびたび話し合いを続けてきましたが、多数のペット飼育者からの猛反発もあり、状況はいっこうに改善しません。

池田先生、ペット飼育上のトラブルが多発しているのですが、ペット飼育賛成派と反対派が真っ向から対立して、なかなか状況が改善しません。

トラブルが多いからと言って、いきなりペット飼育全面禁止というのは有効な手段とは言えません。飼育者と非飼育者の溝を深める危険性が高まります。

どうしたらいいのでしょうか？

まず、ペット飼育者のための専門委員会を作ってみてはいかがでしょうか。

ペット飼育が問題となるマンションの場合、**1番の問題点は飼育上の規定が不明瞭であるか、規定はあっても住民に周知徹底させる機能が不十分な点**です。

ペット飼育者でも多くの人はルールを守り、状況の改善に努めようとしているのが通常であり、一部のルールやマナーを守らない飼育者が原因で非飼育者との良好な関係が築けずに苦しんでいる人も結構多いのです。

マンション内でのペット飼育問題を改善するために必要なことは、マンション内で明確なルールを作り、飼育者と近隣の非飼育者との信頼関係を深めることです。

ペット飼育問題を改善し、理想的なペット共生を実現している管理組合の多くが以下の内容を実施し、問題点があれば常に改良を繰り返しています。

ポイント

❶ 専門委員会の設置（ペット委員会、ペットクラブなど）
❷ 専門委員会加入をペット飼育の条件とする
❸ 専門委員会加入条件を明確化する（予防接種など）
❹ 苦情、問題発生時は専門委員会で対応し管理組合に処理状況を報告する
❺ 管理規約上の規定を明確化する（種類、頭数、隣接住戸の同意など）
❻ ペット飼育細則を作成する（共用部分利用上の注意、罰則規定など）

ペット飼育問題が深刻化し改善の見通しが立たないため、管理組合の立場として「ペット飼育禁止」の方向で検討する場合でも、「即ペット禁止」ではなく「飼育中のペット一代は許可する」など、**段階的な対応を提案することが大切**です。

飼育者と非飼育者の立場は違っても同じマンションの住人同士です。互いの立場に対する「敬意」と「尊重」が問題解決の大前提です。

ペット飼育のアンケートを実施

桜井さんは、専門委員会の設置を管理組合に提案するため、ペット飼育に関する実態の把握を目的に、**全住人に対するアンケート調査**を行うことにしました。

アンケート調査の結果、飼育者の中にもマナーの悪い飼育者の共用部分での糞尿の始末などに悩まされ、自ら清掃している住人もいることが分かりました。

また、飼育者の多くが**理想的なペット共生を実現するためのルール作りを希望**していることも分かりました。

アンケート調査の実施など、桜井さんの積極的な働きかけが管理組合側にも理解され、1年後には**ペット専門委員会の設置**が実現しました。

その結果、マンション内でのペット飼育禁止の方向ではなく、飼育条件、問題発生時の対応、違反者に対する措置など、**管理規約上にペット飼育細則を設ける**ことになり、理想的なペット共生に向けての大きな一歩を踏み出すことができました。

POINT

❶ 管理規約上の**曖昧の規定がトラブルの原因**になっているケースが多い。

❷ 即ペット禁止ではなく、**段階的対応**が問題解決のキーポイントである。

❸ 理想的なペット共生の実現には、**実態把握、具体的なルール作り**が必須である。

Column

総会は管理組合の最高意思決定機関

総会の決議には「普通決議」と「特別決議」があります。普通決議の可決要件は、区分所有者数および議決権の各過半数の賛成、特別決議は区分所有者数および議決権の各４分の３以上（５分の４以上）の賛成が必要になります。

《普通決議事項》区分所有者数および議決権の各過半数以上

❶ 共用部分の管理（形状、効用の著しい変更および保存行為を除く）
❷ 敷地または附属施設の管理（形状、効用の著しい変更および保存行為を除く）
❸ 小規模一部滅失した場合の復旧
❹ 共用部分の変更（建築物の耐震改修の促進に関する法律に基づく耐震改修）
❺ 管理者、理事・監事の選任・解任
❻ 管理委託契約の変更・更新・解約、管理会社の変更
❼ 義務違反者に対する違反行為停止等の請求の訴訟提起
❽ 管理組合法人の事務（区分所有法に規定のない内容）

《特別決議事項》区分所有者数および議決権の各４分の３以上

❶ 共用部分の変更
❷ 管理規約の設定、変更、廃止
❸ 建物価格の２分の１を超える部分が滅失した場合の復旧
❹ 専有部分の使用禁止、競売請求、占有者に対する引渡し請求の訴訟提起
❺ 管理組合の法人化
❻ 建替え決議　（区分所有者数および議決権の各５分の４以上）

駐車場使用権は承継できない

都心マンションは未だ駐車場不足

国土交通省の「自動車保有台数の推移」によると、乗用車、軽自動車、小型二輪（いずれも自家用）は次のように推移しています。

■ 自動車保有台数の推移（2011年→2020年）

	2011年	2020年
乗用車（自家用）	3,988万5,000台	3,906万台
軽自動車（自家用）	2,880万6,000台	3,265万4,000台
小型二輪（自家用）	153万4,000台	170万4,000台

乗用車は減少し軽自動車と小型二輪の保有台数が増加しているのが分かります。

乗用車保有台数の減少理由には、高齢者の免許返納や若者の車離れなど様々な理由が考えられます。

ガソリン代や車検代など自動車を保有するコストで家計が圧迫され、ランニングコストも安価な軽自動車や小型二輪への乗り換えという傾向も表れています。

マンション内の駐車場に関しても、各家庭の自動車保有台数の減少傾向に伴い、何十年待ち、何十人待ちというマンションは少なくなり、築浅物件を始め各住戸に１台が確保できる物件も増えています。

一方で、利便性の良い都市部の既存マンションを中心に依然として駐車場不足の物件もたくさん存在しています。

当事者間の口約束はご法度です！

素敵なマンションですね！　でも駐車場が空いてないのがちょっと……。

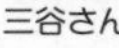

私が今借りている場所をそのまま借りたらいいですよ！　組合に口利いときますよ。

それは有難いです！　この部屋に決めます！

三谷さん（34 歳）も、数十人待ちのマンション敷地内駐車場を希望するお１人です。物件を内覧した際に**売主との口約束からちょっとしたトラブル**になっているご様子。

売主は、自分が契約している駐車場を次の所有者に引き継げるものと思い込み、三谷さんに好意で話をしたようです。

しかし、ほとんどのマンションの管理規約では、**駐車場や駐輪場の使用資格や権利は、新たな所有者に承継できない**と定められています。

駐車場や駐輪場はマンションの共用施設になるため、**専有部分を第三者に譲渡や貸与したときには、共用施設を使用する権利を失う**ことになります。

専有部分を新たに取得もしくは貸与された人は、順番待ちや抽選など管理組合の規定に従い対応しなければなりません。

駐車場や駐輪場などが不足しているマンションでは、常に順番待ちや抽選待ちの状態です。

三谷さんが購入したマンションも、管理規約上、共用施設の使用権利は承継できないものと定められており、駐車場の利用を希望する場合、順番待ちをすることになります。

売主の駐車場を引き継げるっていうから、この物件に決めたんだよ！

お客さん同士の口約束は本当に困るんですよね。重要事項説明でしっかり説明いたしましたが。

三谷さんから相談を受け、重要事項説明書を確認しましたが、駐車場の使用権利は承継できないこと、空きスペースがなく順番待ちの住人が複数いることなど、しっかりと記載されていました。

不動産業者は、管理会社への問合せや管理規約・使用細則の確認を怠らず、買主である三谷さんへの説明義務も果たしているようです。

三谷さんも説明内容は理解していたようですが、それ以上に売主の「口利いときますよ！」という言葉を信じ、何とかなるものと思い込んでしまったようです。

今回のような共用施設の使用権利の承継はもちろん、備付家具や付帯設備の有無など対象物件の引渡し状態に関しても同様で、**不動産取引においては、正式な書面でなく口頭でのやり取りは要注意**です。

特に不動産業者を介さずになされた**当事者間の口約束はご法度**です。後から「話が違う！」は通用しないと肝に銘じておくべきです。

駐車場＆駐輪場で必ず確認すべきこと

駐車場の件では懲りましたよ。順番が回ってくるまでは民間の月極駐車場を契約します。少し高いですが……。

売主さんとは話をされましたか？

売主さんも好意で言ってくれたのは分かっているので。たくさんの人が順番待ちしているのに、何とかなると考えたのが甘かったです。反省してます。

高い勉強代になりましたね。折角なので駐車場や駐輪場を利用する上でのチェックポイントをまとめておきましょう。

駐車場や駐輪場など共用施設は、区分所有者全員の大切な共有財産です。

区分所有者１人ひとりが負担する毎月の管理費や修繕積立金（198 ページ）によって維持管理がなされており、利用する上の要件や守らなければならないルールが管理規約や使用細則で定められています。

特に駐車場や駐輪場に関しては、以下の点に注意して確認することが重要です。

❶ 利用可能な人　※特に賃借人など占有者の利用の可否、利用要件が盲点
❷ 利用可能な車種、台数など　※特にハイルーフ車、バイクは要注意
❸ 利用条件（使用料、契約期間など）
❹ 専有部分の譲渡、貸与に伴う第三者への使用資格、権利の承継の可否
❺ 空き状況、空き待ち状況、空き区画募集方法（順番待ち、抽選など）

POINT

❶ 不動産業者を介さず**売買当事者間でなされた口約束**はトラブルのもと。
❷ **専有部分の譲渡や貸与に伴う使用資格、権利の承継の可否**は必ず確認。
❸ 駐車場、駐輪場は、利用資格、条件、空き状況など**詳細を必ず確認**。

管理費＆修繕積立金の滞納問題

マンションの管理費＆修繕積立金の基本知識

最近、長期滞納者が増え対応に追われてます。滞納者の中には顔見知りの人もいるので複雑です。

武本さん（マンションの理事長）

池田先生

管理費や修繕積立金の滞納はマンション全体の将来性をも左右する重大な問題です。管理組合員の代表として適切な判断で対処していきましょう。

マンション内で起こるトラブルのなかでも、特に**深刻な問題が管理費や修繕積立金の滞納**です。

管理費や修繕積立金が十分でないと、共用部の清掃が行き届かず住み心地が悪くなったり、マンションの資産価値が低下してしまいます。

そして滞納額の増加や滞納期間の長期化は、管理体制や将来的な修繕計画にも影響を与える問題です。

滞納の予防、長期化の防止は、すべての管理組合の重大な課題です。

管理費などの滞納問題を考える前に、まずは管理費、修繕積立金の基本的な知識を整理しておきましょう。

マンションの管理費とは？

管理費とは、マンションの敷地及び共用部分の維持管理のために必要となるお金で、マンション全体の「安全で快適な生活環境」の維持が一番の目的です。

具体的には、マンションの管理費は次のような費用に充当されます。

- 管理業務を委託する場合の業務委託費や管理人さんの人件費
- 共用部分の清掃費やゴミ処理費、水道光熱費、蛍光灯など消耗品費
- 共用設備の保守点検費や運転費
- 敷地内の植栽管理費
- 共用部分の火災保険料や地震保険料

いずれもマンションの共用部を維持していくためにすべての区分所有者が負担しなくてはならない費用です。

マンションの修繕積立金とは？

「修繕積立金」とは、マンションの共用部の計画的な修繕費用として、管理組合員全員で蓄えるお金です。管理費とは区別して管理する必要があります。

管理組合で蓄えた修繕積立金を用いて「**大規模修繕工事**」という外壁、屋上、給排水設備など、高額で規模が大きい改修工事を10年から30年周期で実施する必要があります。

計画的な大規模修繕工事のために区分所有者全員で蓄える修繕積立金は、共用部分の維持、管理だけでなく、売却や賃貸で貸す場合の資産価値を維持するための大切な役割をもっています。

理事長が頭を抱える滞納問題

今期、マンションの理事長を務めることになった武本さん（60歳）は、管理組合が直面する管理費・修繕積立金の滞納問題に日々悪戦苦闘しているご様子です。

初めての任務で滞納者への具体的な対処法が分からない上に、現在、トラブルとなっている長期滞納者は古くからの幼なじみなのです。

心を鬼にして滞納者を訪問したところ、耳を疑う一言が……。

もう半月も管理費の滞納が続いてますよ。なんとか支払っていただけないか？

武本さん

長期滞納者A

武本さん、理事長になったからって幼なじみの私にまで金を払えっていうのか？　一銭も払わんよ。

何てことを言うんですか。じゃあ、管理組合として法的手続きを考えます。

武本さん

管理費や修繕積立金の滞納に対しては、まず、管理組合から委託された管理会社による**電話、訪問、手紙投函などの督促請求**が行われます。

それでも支払いがなされず状況が改善しない場合は、管理組合の代表として**理事長や理事が滞納者宅を訪問し督促**を行います。

管理会社による督促と異なり、**理事長や理事による訪問の前提は、滞納者との話し合いと状況を改善するための提案をすることにあります。**

滞納理由もリストラ、事故、病気など様々です。

目的は滞納額を徴収することにありますが、滞納者の事情を理解することで解決への糸口を見出せる可能性も十分にあります。

武本さんもご友人の滞納のきっかけがリストラであることを前理事長から聞いていたこともあり、繰り返し、管理組合の代表として向き合う姿勢を示しました。

ですが、努力の甲斐なくまったく状況が改善しないため、**法的手続きに移行**することを決心したのでした。

●滞納が起きた場合の手続きの流れ

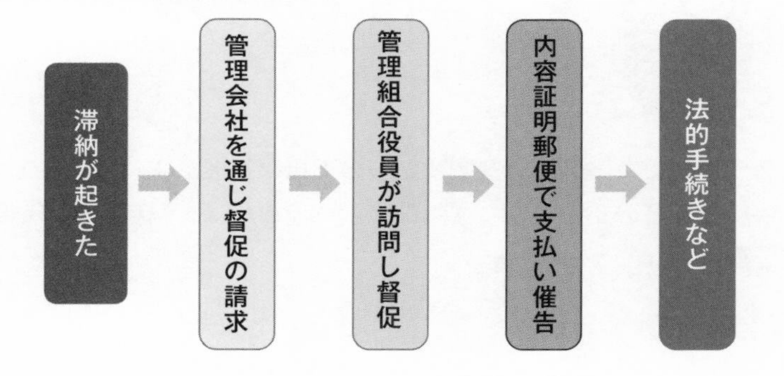

法的手続きとしては、まず何から始めればいいでしょうか？

まずは**内容証明郵便による督促**を行い、その後、簡易裁判所に対する**支払い督促の申し立て**という流れになりますね。

管理費や修繕積立金の時効

長期滞納者に対する法的手続きで、必ず押さえておきたい点が**管理費や修繕積立金の時効**です。

2020年の民法改正により管理費などは一般債権と同じ扱いとなり、**権利を行使できることを知った時から５年、または、権利を行使できる時から10年で消滅時効にかかります**（改正前は「定期給付債権」として５年の短期消滅時効が適用されていました）。

管理組合の場合、当然管理費の支払日を知っており、管理費などの支払期日に基づき督促請求を行っているため、**支払日から５年で消滅時効**にかかります。滞納は５年以内に法定手続きを講じることが必要となります。

まず、管理組合として**内容証明郵便による支払い督促**を行います。

それでも滞納者が支払わないようであれば、**簡易裁判所に支払い督促の申し立て**を行い、申し立てが認められれば、**裁判所から滞納者に対し支払い督促**がなされます。

結局、武本さんのご友人は裁判所からの支払い督促に対し、滞納額全額を支払うことになり、その3カ月後に部屋を売却し転居していきました。

訴訟と強制執行

武本さんのご友人のケースは、裁判所からの支払い督促により解決しましたが、もし、滞納者からの支払いがなされないようであれば、**裁判所に滞納額に応じた訴えを提起**することになります。

❶少額訴訟

滞納額が60万円以下なら**少額訴訟**が有効です。手続きが簡単で費用も安くなります。1期日で審理を終え、即日判決が下ります。短期決着が可能です。

❷通常訴訟

訴額に上限がありません。140万円未満は**簡易裁判所**、140万円以上は**地方裁判所**に提訴します。審理や判決までに時間がかかりますが、滞納者が行方不明の場合でも有効な手段です。

訴訟で勝訴しても、滞納者が管理費などの滞納分を支払えるだけの経済的余裕がない場合も少なくありません。

その場合、預金口座や勤務先からの給与などの「**債権差押え**」、家財道具などの「**動産差押え**」、そして対象となる専有部分の「**競売請求**」など**強制執行**を行うことになります。

また、**区分所有法では、管理組合は管理費や修繕積立金の滞納分を、専有部分を取得した者「特定承継人」に対し請求することができると定めています。**

管理組合の立場としては、訴訟や強制執行と並行し、**特定承継人（新区分所有者）への請求**も念頭に入れて対応することが重要です。

●滞納から裁判・強制執行までの流れ

❶ 管理会社へ督促依頼
・管理会社が電話、訪問、手紙投函などで督促する

↓ ※滞納期間：３カ月まで

❷ 理事長、理事による訪問
・滞納者の経済事情を聞き出し改善提案を検討する

↓ ※滞納期間：３カ月から６カ月

❸ 内容証明郵便による督促
・支払いがない場合、法的手段を講じる旨を示す

↓ ※滞納期間：６カ月以上

❹ 支払い督促の申し立て
・簡易裁判所

↓ ※裁判者から滞納者に支払い督促

❺ 裁判所に訴訟を提起
（a）**少額訴訟**
（滞納額 60 万円以下、手続きが簡単で短期決着可能）
（b）**通常訴訟**
（滞納額上限なし、相手方が行方不明の場合でも有効）

↓

❻ 強制執行
（a）**債権差押え**（預金通帳、給与など）
（b）**動産差押え**（家財道具など）
（c）**競売請求**　（専有部分）

↓

❼ 特定承継人への請求
・専有部分の新区分所有者に滞納額を請求する

POINT

❶ 管理費、修繕積立金は支払日から**5年で消滅時効**にかかる。
❷ **訴訟**、**強制執行**など滞納額や回収の見通しに応じた適切な措置を講じる。
❸ 管理費、修繕積立金の滞納は、**特定承継人に対する請求**が可能。

管理費＆修繕積立金はバランス重視で！

総額よりもバランスが重要！

マンションの敷地および共用部分の維持管理のため必要となるのが**管理費**です。一方、将来的な大規模修繕のために蓄えるのが**修繕積立金**。

いずれも「快適で安心安全な生活空間の維持保全」には欠かせない大切な費用であることは分かっていても、いざマンション購入となると毎月必要となる総額ばかりが気になってしまいます。

でも、本当に大切なのは、管理費と修繕積立金の「**最適なバランス**」に着目することです。**マンションの資産価値や将来性は、管理体制や管理組合運営の質によって大きく左右されます。**

資産価値が高く、将来性のあるマンションは、組合員１人ひとりが負担する管理費によって良好な管理状態が維持され、蓄えられた修繕積立金によって計画的な大規模修繕を繰り返し実施します。

災害時の復旧にも迅速に対応できます。

私たちの生活が収入と支出で成り立っているように、管理組合会計の軸となるのが管理組合員が負担する**管理費**と**修繕積立金**なのです。

修繕積立金が5年で2倍以上に跳ね上がった！

今回の定期総会で**修繕積立金が一気に2倍以上**になることが決まりました。まだ築5年ですよ。

大久保さん（夫）

池田先生

新築時は販売しやすいように**修繕積立金を低めに設定しているケース**があるので注意が必要です。典型的な値上げパターンですね。

月々の住宅ローンだけじゃなく、これから子供の学費だって必要なのに……。

大久保さん（妻）

今回の相談者は５年前に新築マンションを購入した大久保さんご夫婦。２人で蓄えたお金のほとんどを自己資金とし、少し背伸びをして35年ローンを組み手に入れた夢の新築マンション。

周囲のマンションと比べたら**月々の管理費と修繕積立金の総額が少し低め**であったことも購入を決意した理由の１つでした。

先日開催された**定期総会で修繕積立金が２倍に増額**されることが決まり、大慌ての様子です。

管理費と修繕積立金はどうやって決まる？

区分所有者が負担する**管理費と修繕積立金**はどのようにして決まるのでしょうか。

マンションには、大きな部屋もあれば小さい部屋もあります。高層階と低層階、家族構成も様々です。

管理費と修繕積立金は、共用部分の使用頻度や家族構成などに関係なく、**共用部分の共有持分、通常は専有部分の床面積の割合に応じて負担割合を決める**

のが一般的です。

「1階でエレベーターを利用しないのにおかしい！」といった声も聞こえてきそうですが、床面積のように客観的に見て明確なものを基準としているのです。管理規約で負担割合を別に定めることも可能ですが、大前提は区分所有者が不公平感を持つことなく、理解しやすい割合とすることが必要です。

管理組合では、およそ**10～30年周期で実施する大規模修繕工事の費用を長期修繕計画**＊に基づき積み立てていきます。

各年度の会計報告に基づき「現在のままで大規模修繕は余裕！」とか「このままでは10年後の大規模修繕が実施できない」といった判断をします。

修繕積立金は大規模修繕のためだけでなく、不測の事故や災害被害の復旧に対する取り崩しなども考慮した余裕のある積立てを継続することが重要です。

積立てが不足するようであれば、管理組合として金融機関から借入れを行うか、月々の修繕積立金の改定（増額）を行うことになります。

特に修繕積立金を改定する場合、各区分所有者の月々の負担増を軽減するためにも、早期での見直しが必要になります。

● **長期修繕計画とは**

将来的に必要となる修繕工事の内容、時期、施工費などをまとめた計画書で、区分所有者が負担する修繕積立金の算定根拠となる資料です。

新築マンションの長期修繕計画は要注意！

大久保さんのマンションの修繕積立金が、新築後5年で2倍という極端な増額を余儀なくされた最大の原因は、**新築時に設計図を基に作成された長期修繕計画**にありました。

長期修繕計画によれば、10年後に実施予定の外壁、屋上防水などの修繕工事の予算が2,000万円で計画されていましたが、改めて見積りを取り直したところ、1.5倍の3,000万円ほど必要になることが分かりました。

大久保さんのマンションは、全戸角部屋、専有面積100㎡以上の大型ファミリータイプという魅力的なキャッチで販売された物件でしたが、10階建、総戸数18戸、ワンフロア2戸ずつで構成される小規模マンションです。

大久保さんの部屋の新築時の管理費と修繕積立金、改定後の修繕積立金の設定金額は以下のとおりです。

- **管理費** 〔月額〕18,000円 ⇒ 改定なし
- **修繕積立金**〔月額〕10,000円 ⇒〔改定後〕**22,000円**

全戸同額で設定されているとした場合、修繕積立金は10,000円 × 18戸＝月額180,000円、180,000円 × 12カ月＝年額2,160,000円です。

10年後の大規模修繕に向けて蓄えられるお金は、事故や災害、その他の修繕などによる取り崩しがまったくないという前提なら2,160万円ほどとなり、最初の大規模修繕の予算である2,000万円を実施できる計算になります。

実際に必要となる予算3,000万円に対しては、1,000万円ほど不足してしまいます。

その結果、不足額を補填するためには、各戸の修繕積立金を2倍以上に増額せざるを得なかったという事情です。

■ **修繕積立金改定後のシミュレーション**

- **1年目から5年間**
  月額10,000円／戸 ×18戸 ×12カ月×5年＝10,800,000円（a）
- **6年目から5年間**
  月額22,000円／戸 ×18戸 ×12カ月×5年＝23,760,000円（b）
  〔10年目の累計額〕（a）＋（b）＝ **34,560,000円**

新築マンションの場合、販売会社が営業戦略的に月額負担額を抑えるため、管理費ではなく修繕積立金を低く設定し、算定根拠として現実離れした長期修繕計画を作成している可能性もあるため、慎重な見極めが必要です。

いずれは修繕積立金を増額せざるを得ない設定だったんですね。月々の負担総額ばかりに注目していて気づけなかったです。

大久保さん（夫）

マンションを買うときに、**修繕積立金の改定の可能性を見極めるポイント**はありますか？

大久保さん（妻）

国土交通省の修繕積立金の算定目安が参考になります。あと、総戸数の少ないマンションで修繕積立金が極端に低く設定されている物件は要注意です。

修繕積立金は、高額な修繕費に対する長期での負担で、基準となる情報量が少なく管理組合内でトラブルになることも多いため、国土交通省が「**マンションの修繕積立金に関するガイドライン**」を策定し、修繕積立金算定の目安となる数値を示しています。

階数	建築延床面積	平均値（月額）
15階未満	5,000㎡未満	218円／㎡
	5,000～10,000㎡	202円／㎡
	10,000㎡以上	178円／㎡
20階以上		206円／㎡

参考：国土交通省「マンションの修繕積立金に関するガイドライン」

大久保さんのマンションの場合、国土交通省のガイドラインによる算定目安で計算した場合、218円／㎡× 100㎡＝月額21,800円となり、当初の設定額である10,000円が本来必要となる金額の半分以下であることが分かります。

また、総戸数が少なく、管理費と比較し修繕積立金のウエイトが抑えられているマンションは注意が必要です。

総戸数の多いマンションのようなスケールメリットが期待できず、管理費、修繕積立金が適正な設定でなければ、将来的に修繕積立金が不足し、区分所有者の懐を圧迫する大幅な改定、もしくは金融機関からの借入れを余儀なくされる危険性が高いと言えます。

POINT

❶ 管理費、修繕積立金は**総額よりも最適なバランス**であることが大切。
❷ **国土交通省のガイドライン**は修繕積立金算定の目安として使用する。
❸ **長期修繕計画が適切な内容であるか**の見極めが非常に重要である。

耐震診断の義務化で家が売れない

多発する大地震と耐震診断の義務化

えっ！　ウチのマンションの評価が、2,000万円ってどういうことですか！　数年前まで同じ広さの部屋が普通に4,000万円台で売りに出てたはず……。

おっしゃるとおりなんですよ。耐震診断の結果が問題でして……。

1995年1月に発生した**阪神淡路大震災**では、6,434人が犠牲になり63万棟もの住宅が被害を受けました。同年、**耐震改修促進法**（建築物の耐震改修の促進に関する法律）が制定され、一定規模以上の建築物についての耐震診断と耐震改修の努力義務が定められました。

その後も日本各地で大地震が多発するなか、2011年3月に**東日本大震災**が発生し、巨大地震による津波は東北地方沿岸部など各地を襲いました。

2年後の2013年には**耐震改修促進法が改正**され、昭和56年5月31日以前の旧耐震基準で建築された建築物のうち、不特定多数の者が利用する一定規模以上の建物に対し、**要緊急安全確認大規模建築物**、**要安全確認計画記載建築物**として耐震診断を義務付け、診断結果が地方公共団体のホームページなどで公表されることになりました。

❶ 要緊急安全確認大規模建築物 ⇒ 病院、店舗、旅館など不特定多数の者が利用する建築物および学校、老人ホームなど避難弱者が利用する建築物のうち大規模なもの（病院、ホテル、学校、老人ホーム、美術館、図書館など）

❷ 要安全確認計画記載建築物 ⇒ 都道府県または市町村が指定する緊急輸送道路などにある一定の高さ以上の避難路沿道建築物、都道府県が指定する庁舎、避難所などの防災拠点建築物

所管行政庁は、耐震診断の実施が義務付けられている建築物の所有者に診断結果の報告を命じることができ、違反や拒否・虚偽の報告は罰金の対象、一定期間内に正当な理由なく耐震診断をしない場合は、公表の措置が講じられます。

自宅マンションの耐震診断の結果に問題が

桑田さん（60 歳）は、父親から相続した築 45 年の分譲マンションの 1 室を長年賃貸で貸していましたが、入居者の退去に伴い売却を検討しています。

築年数は古いですが最寄駅徒歩 5 分という好立地にあり、大規模修繕工事も繰り返し実施していることもあり、築 45 年とは思えないほどの管理状態です。

収益物件としても人気のある物件であったため、老後の資金作りにと期待した桑田さんでしたが、予想に反する不動産業者の査定額に頭の中が真っ白に……。

数年間で価格が半値以下なんて信じられません。耐震診断の結果に問題があったようですけど、こんなに極端に下がるものでしょうか？

桑田さん

池田先生

桑田さんのマンションは確か国道沿いでしたよね。少し調べてみましょう。

マンションでは、管理組合の働きかけによって、積極的に耐震診断や石綿使用調査を実施しているところもありますが、桑田さんのマンションの場合、少し事情が違うようです。

調査の結果、桑田さんのマンションが面している国道は**耐震診断義務付け対象路線**で、マンションが**要安全確認計画記載建築物**に指定されていることが分かりました。

そして、耐震診断も 2 年前に実施され、診断結果が地方公共団体のホームページに公表されていました。

公表された診断結果は次の通りです。

- 建築物の名称：○○マンション
- 建築物の位置（地名地番）：○○区○○町1-2-3
- 建築物の用途：共同住宅、店舗
- 耐震診断の方法の名称：一般財団法人日本建築防災協会による「既存鉄骨鉄筋コンクリート造建築物の耐震診断基準」に定める「第2次診断法」（○○○○年度版、鉄骨が充腹材の場合）
- 構造耐力上主要な部分の地震に対する安全性の評価の結果：IS/ISO = 0.35
  CTU·SD = 0.12
- 構造耐力上主要な部分の地震に対する安全性：Ⅰ※

※震度6強から7に達する程度の大規模の地震の震動及び衝撃に対して倒壊し、または崩壊する**危険性が高い**（Ⅱ：危険性がある、Ⅲ：危険性が低い）

融資が下りなく買い手がつかない！

確かに、公表された耐震診断の結果によると、将来的に大地震が発生した場合、人命に関わる建物の倒壊、崩壊の危険性が高く、近隣住民の不安や消費者意識に与える影響は計り知れません。

金融機関の旧耐震基準の建物に対する判断基準は非常に厳しく、耐震診断未実施の物件、強度不足が認められ補強工事が未実施の物件、緊急輸送道路沿道沿いの物件などに関しては、**取り扱い可能な金融機関が限られます。**

ましてや、地方公共団体による危険性のお墨付きのように公表された物件に対しては、融資対象外とする金融機関がほとんどであり、売却や購入を検討する人にとっては大打撃です。

住環境や管理状態が良く、かつては人気のあった物件であるため、金額次第ではと考える買手が見つかっても、融資を取り扱える金融機関がほとんどありません。

仮に取り扱い可能な金融機関が見つかっても、融資条件が厳しくなることは間違いありません。結果、購入できる人は現金もしくは限りなく自己資金率の高い客層に限定されることになります。桑田さんの依頼した不動産業者も、この点を考慮して妥当な数字を提示しているようです。

マンションの管理組合としても、耐震診断の結果を受けて、耐震改修工事の見積りを建設業者3社に依頼しましたが、いずれも現在の管理組合の蓄えている修繕積立金では到底実施できない金額です。

現在は地方公共団体の助成金の利用や金融機関からの借り入れも検討しているようです。

しかし、予定されている大規模修繕との兼ね合いもあり、管理組合としての方向性を決めるにはまだまだ時間がかかりそうです。

結局、桑田さんも売却を断念し、引き続き賃貸物件として所有することになりました。

本件は、桑田さん個人が巻き込まれたトラブルではありませんが、日本に数多く存在する旧耐震基準の建物が抱える問題と今後の大きな課題を考える上でも、ぜひ参考にしてほしい案件です。

POINT

❶ 耐震改修促進法の改正により不特定多数の者が利用する**一定規模以上の建物で耐震診断が義務化**された。

❷ 対象物件が**要緊急安全確認大規模建築物**や**要安全確認計画記載建築物**に指定されていないかを確認する。

❸ **地方公共団体のホームページで公表されいる耐震診断の結果**は必ず確認する。

Column

緊急輸送道路沿道建築物の耐震化

緊急輸送道路とは、災害発生時の避難、救急・消火活動、緊急物資の輸送などの大動脈となる幹線道路のことです。地震発生時の建物倒壊による道路の閉塞を防止し、被害の最小化と早期復旧を図るためには、緊急輸送道路沿道建築物の耐震化が急務とされています。

東京都では、緊急輸送道路の中でも、特に重要な道路を「特定緊急輸送道路」、次の全ての条件に該当する建築物を「特定沿道建築物」と指定し、耐震化の状況報告と耐震診断を義務化しています。

❶ 敷地が特定緊急輸送道路に接する建築物
❷ 昭和56年5月以前に建築された建築物
❸ 道路幅員の概ね2分の1以上の高さの建築物

「お金」にまつわる不動産のトラブル

01 「とっておきの裏技」の魔の手

02 離婚で自宅を処分！ ペアローンの盲点

03 親子の共有から不仲な兄弟の共有に！

04 「父さん、いくらで買ったの？」

05 空き家の放置で固定資産税が6倍に！

「とっておきの裏技」の魔の手

書き換えた書類が銀行にバレて融資がダメになったよ！　どうしてくれるんだ！

私は提案しただけで、最終的な判断は山下さんにお任せしたはずです……。

自己資金0円のウソ・ホント

「かきあげ」ってご存知ですか？

突然ですが、不動産業界用語で「**かきあげ**」という言葉をご存知でしょうか。

もちろん、天ぷら定食に付いてくる美味しい「かき揚げ」ではありません。

「かきあげ」とは、**実際の売買価格を記載した正式な契約書と、水増しした価格を記載した金融機関提出用の偽契約書の２種類の契約書を作成する行為**です。

例えば、売買価格 2,000 万円、諸費用 200 万円で、金融機関の融資が売買価格 100%のフルローンが可能である場合、売買価格に諸費用を上乗せした 2,200 万円の契約書を作成し銀行に提出するのです。

結果、2,200 万円× 100%＝ 2,200 万円の住宅ローンが実行され、融資対象外である諸費用 200 万円に対しても住宅ローンで補填でき、自己資金０円で購入が可能になるということです。

ここまで読まれてお気付きになった方も多いと思いますが、この**「かきあげ」という行為は金融機関に対する詐欺行為**であり、バレるバレないに関係なく、立派な違法行為です。

現在は、諸費用分も融資対象とする住宅ローンも多く、収入が安定し返済能力のある方であれば、事実上、自己資金０円でも購入可能であるため、この「かきあげ」という言葉自体、表立って使われる機会が減ってきているように思います。

しかし、収益不動産や店舗・事務所など事業用不動産の購入資金の場合、**自己資金1割から2割程度は必要**となるケースが多く、未だ違法な「かきあげ」行為はなくなっていません。

先の例では分かりやすく売買価格に対する掛率で説明しましたが、実際は、金融機関の担保評価に対する掛率であるため、**売買価格に対する担保評価が大きく下回れば、補填のための自己資金が必要**になります。

また、最終的な融資実行額は勤続年数や年収などの個人属性が重視されるため、売買価格いっぱいのフルローンや諸費用を含むオーバーローンを組める要件（年収、返済比率など）を整えていても、総合判断により一定額の自己資金を求められるケースは少なくありません。

その結果、違法行為だとは薄々気付きながらも、夢のマイホームを手に入れたいという強い思いや、少しスリリングな「裏技」的な感覚に囚われ、罪を犯してしまう消費者が存在するのも事実です。

悪魔の囁き――とっておきの「裏技」あります！

婚約者との新居として、都心の築浅マンションを契約した山下さん（27歳）もその1人です。20代にして年収600万円と安定収入ではあるものの、自己資金がほとんど蓄えられていません。何とかしたいと焦る山下さんに、不動産業者から悪魔の囁きが……。

「**とっておきの裏技があります！**」

山下さんは、危ない行為なのではと薄々は気付いていましたが、婚約者との新居を実現したいという思いから冷静な判断を失い、諸費用分を上乗せした偽契約書を金融機関に提出し、融資の承認を得てしまいました。

しかし、「闇夜に目あり」です。

金融機関との金銭消費貸借契約時に不正な行為がバレてしまったのです。

不正が発覚する理由には、金融機関による書類確認、第三者による密告、金融庁による金融調査などが挙げられます。

今回は、金融機関による書類の確認で発覚したようです。

売買契約書の原本を用意するよう説明を受けた山下さんですが、審査がパスした安堵感からか、結婚、夢のマイホーム等々、気分の高揚もあったのか、不正を行ったこと自体を完全に忘れ、正規の契約書を提出してしまったのです。

結果、その場で住宅ローンの承認結果は取り消されてしまいました。

既に売買契約上の**融資利用特約**＊の期限も超えています。

仮に、特約の期限内であっても、不正なローン申請による非承認や承認取り消しのケースでは保護されません。その結果、売主に対し売買価格の20%の違約金を支払い、契約解除となりました。

悪質な不動産業者の「みんなやってるから大丈夫！」といった甘い誘いに乗せられて、違法行為だと本当に気付かなかったとしても、責任は免れません。

山下さんの場合、**決済前の金銭消費貸借契約の時点で不正が発覚**したため、当事者間での違約金の支払いで済みましたが、物件購入後に不正行為を行ったことが発覚すれば、金融機関から一括返済を迫られ、詐欺罪に問われることもあります。

その時に、どれだけ「不動産業者に騙された」と後悔しても時すでに遅し。

「法の不知は許さず」です。

● 融資利用特約とは

買主が、売買代金の一部または全部に融資を利用することを条件に売買契約を締結し、予定していた融資の全部または一部が不成立となった場合、買主は契約を解除することができ、既に授受された手付金も返還されるとする特約。

2割から3割程度の自己資金で余裕ある資金計画を！

住宅ローンの審査で注意すべき点は、原則、**融資可能額は税込年収に占める年間返済額の割合（返済比率）だけで判断される**ということです。

例えば、住宅金融支援機構の**フラット35**であれば、年収400万円未満は返済比率30%以下、年収400万円以上は返済比率35%以下が基準とされています。

同じ年齢、同じ年収の人でも、1人ひとり家族構成も違えばライフスタイルも異なります。年収500万円の単身者も、年収500万円の5人家族の世帯主も、同じ返済比率35%以下を基準に融資可能額が判断されるわけです。

しかも、30年、35年という長期間、住宅ローンの借入時と同じ状況であることが大前提です。

転職や失業、出産や子供の進学、離婚や病気など、収入面に直接影響を与える出来事は、住宅ローンの審査では一切考慮されていません。

収入合算やペアローンであれば、契約者だけでなくパートナーに対しても、住宅ローン完済時まで借入時と同じ状況であり続けることが前提とされているわけです。

また、月々の住宅ローン返済額と生活費を捻出するのがギリギリでは、将来的な修繕費も貯蓄できません。

物件購入の基本は、人生におけるあらゆる変化に対応できるよう**余裕のある資金計画**を組むことです。そのためには、住宅ローン借入時に**2割から3割程度の自己資金を用意**するのが理想です。

「融資可能額」が「返済可能額」ではない、ましてや「返済理想額」では到底ないということを十分に理解し、ゆとりある資金計画を立てましょう。

POINT

❶ 人生のあらゆる変化に対応できるよう**余裕ある資金計画**を組む。
❷ 住宅ローン借入時には**2～3割の自己資金を用意**するのが理想。
❸ 返済比率だけで融資可能額を判断するのは非常に危険である。

Column

考えてみよう！「個人信用情報」

個人信用情報とは、銀行をはじめクレジットカード会社、消費者金融など金融に携わる企業が**信用情報登録機関**に登録することが義務付けられている利用者の信用情報で、各金融機関はオンラインでこの情報を確認することができます。

信用情報登録機関には、銀行系、信販会社系、消費者金融系の3つの信用情報会社があり、金融機関は融資の新規申込みを受けると、まず他の借り入れ状況、過去の延滞など、事故履歴の情報を入手して多重債務や過剰貸し付けによる事故防止に利用します。また最近では、**携帯電話の分割払い**が問題になっています。携帯電話の分割払いは**クレジット契約**に該当するため、信用情報登録機関に登録されますが、携帯電話があまりに身近な存在となりすぎたこともあり、利用者にクレジット契約を組んでいるという認識がないのが問題です。

2022年4月1日から成年年齢が18歳になりました。携帯電話のクレジット契約はもちろん、不動産取引も親権者の同意を得ずに行うことができるのです。個人信用情報の重要性や影響力を再認識すべき時代であると思います。

離婚で自宅を処分！ペアローンの盲点

3種類の収入合算とタイプ別特徴

住宅ローンを利用してマイホームを購入する時に、申込者の年収だけでは希望額が借り入れできない場合、**夫婦や親子などで協力し合ってローンを組む収入合算**が有効です。

収入合算には、次の３種類があります。

（ａ）連帯保証型
（ｂ）連帯債務型
（ｃ）ペアローン

収入合算を検討する場合、

❶ 不動産の所有権を持つのは誰か
❷ 住宅ローン控除*を受けられるのは誰か
❸ 団体信用生命保険*に加入できるのは誰か

という３つのポイントで内容を理解することが大切です。

（ａ）連帯保証型

収入合算者が契約者の連帯保証人になるケースです。例えば、夫が主債務者であれば、収入合算者である妻が連帯保証人となります。

連帯保証型の特徴は、**❶不動産の所有権は夫**にあり、妻に持分はありません。また、妻は**❷住宅ローン控除**を受けることができず、**❸団体信用生命保険**に加入することもできません。

（ｂ）連帯債務型

主債務者となる契約者と連帯債務者となる収入合算者が、**１つの住宅ローンに対し、それぞれが住宅ローン全額の債務者となる**ケースです。

例えば、夫を主債務者、妻を連帯債務者とすると、**❶不動産の所有権**は夫と妻がそれぞれの持分で所有し、❷**住宅ローン控除**は夫も妻も受けることができますが、❸**団体信用生命保険には主債務者である夫のみが加入**することになります。

（c）ペアローン

夫と妻がそれぞれ契約者となり住宅ローンを利用するケースです。

また、夫婦それぞれが相手方の連帯保証人となります。

例えば、融資利用額 4,000 万円であれば、夫が 2,000 万円、妻が 2,000 万円の住宅ローンを利用するといったケースです。

この場合、❶不動産の**所有権は夫と妻がそれぞれの持分で所有**し、❷**住宅ローン控除**、❸**団体信用説明保険とも夫婦で利用できる**のがペアローンの特徴です。

■3つの収入合算

	連帯保証型		連帯債務型		ペアローン	
	夫	妻	夫	妻	夫	妻
所有権	○	×	○	○	○	○
住宅ローン控除	○	×	○	○	○	○
団体信用生命保険	○	×	○	×	○	○

● **住宅ローン控除とは**

個人が住宅ローンを利用して新築または既存住宅を購入した場合に、居住を開始した年から13年間（既存住宅10年間）、所得税額から一定額（住宅ローンの年末残高の0.7%）の控除を受けることができる減税措置です。

● **団体信用生命保険とは**

住宅ローン返済中に契約者が死亡・高度障害となった場合、保険会社から金融機関に保険金が支払われ、残債務の返済に充当される保険です。

原則、団体信用保険の加入は、住宅ローンの必須条件ですが、住宅金融支援機構のフラット35のように任意加入の場合もあります。

マイホーム売却が夫婦最後の共同作業

実は妻と離婚することになりました。問題は自宅なんですが、ペアローンを利用しているので、どうしたらよいかと……。

松下さん

池田先生

松下さんはご自宅を売却したいですか？　それとも住み続けたいのですか？

苦労して手に入れたマイホームです。できれば手放したくはないのですが……。

松下さん

松下さん（45歳）は15年前に夫婦で**ペアローン**を利用しマイホームを購入しましたが、ご夫婦の話し合いにより離婚することになったようです。

問題は、ご夫婦**それぞれが不動産に対する所有権（持分）**を持ち、**住宅ローンもあと15年ほど残っている**点です。

松下さんは、離婚後もご自宅に住み続けたいという考えですが、2人の意向が合致しなければ話は前に進みません。

また、対金融機関に対しては、夫婦それぞれがお互いの連帯保証人になっているため、『離婚するので連帯保証人を外してくれ』という主張は通用しません。

この点は、連帯保証型や連帯債務型にも言えることですが、夫婦の収入合算によって融資を受けているため、**簡単に連帯保証や連帯債務の状態を解消できるわけではない**のです。

収入合算は、互いの「愛」があってもなくても運命共同体なのです。

ちなみに、松下さんの奥さんは自宅に住み続ける意向はなく、不動産を含めすべての財

産を分配し、1日も早く関係をきれいにしたいと希望しています。

松下さんの希望通り、奥さんとの共有状態を解消し不動産を所有し続けるには、いったんペアローンを一括返済し、松下さんが奥さんの持分を買い取るか、現在のペアローンから松下さん単独の住宅ローンに借換えするしかありません。

まず、残り15年もある現在のペアローンをすべて一括返済するだけの経済的余裕は2人にはありません。

次に、松下さん単独の住宅ローンへの借り換えですが、もともと収入合算して購入していることから考えてもハードルは決して低くありません。

住宅ローンを利用中の銀行だけでなく、複数の金融機関に相談を持ちかけましたが、結果はすべてお断りでした。

マイホームの売却、財産の分割で一件落着

松下さんご夫婦に残された選択肢はただ1つ、**マイホームの売却**です。

結局、夫婦最後の共同作業として**自宅を売却処分し、残った財産を分配**することになりました。

幸いなことに築後15年は経過しているものの、建物の状態や立地条件が良かったため、ペアローンの残債を一括返済しても少し余剰が出る程度の価格で売却することができました。

これがもし、自宅の売却代金だけでは残債を完済できず、現金の持ち出しになってしまうケースや、金融機関と相談の上、自宅売却後も負債のみを背負い返済を続けていく（任意売却）ケースとなれば、本当に大変です。

収入合算は、1人では実現できない高額融資を可能とする有効な手立てですが、離婚や共有者の死亡など、将来起こり得る状況変化に対して、金融機関が責任を持って守ってくれるわけではありません。

マイホームという目先の夢や希望だけで衝動的に判断するのではなく、将来を見据えた人生設計を真剣に考える姿勢が大切です。

POINT

1. **収入合算は3種類**あり、それぞれの特徴を理解し利用することが大切。
2. 収入合算の最大のメリットは**高額融資**と**住宅ローン控除**。
3. 収入合算の最大のデメリットは**離婚と共有者の死亡**による権利関係の複雑化。

親子の共有から不仲な兄弟の共有に！

収入合算は相続時も考えた選択を！

なんで、兄さんと共有なんだ。この家は俺の家だぞ！

俺だって、父さんのローンを残されて大迷惑なんだよ！

収入合算は、１人では難しい**高額の融資を受けられるのが最大の特徴**です。

また、連帯債務型やペアローンの場合、住宅ローン控除を２人で利用できるという大きなメリットがあります。

一方でデメリットがあることも、必ず理解しておかなければなりません。

30年、35年という返済期間中、契約者や共有者が住宅ローン借入時と同じ家計の状態にあるわけではないのです。

転職、失業や投資の失敗等により、契約者や共有者の返済が滞るリスクは常に隣り合わせです。**離婚**となれば夫婦の共有財産である不動産が最大の足かせになることもあります。

また、所有権（持分）を取得する**連帯債務型**や**ペアローン**の場合、**共有者の死亡で権利関係が複雑化**するリスクを常に想定しておく必要があります。

収入合算のローンと所有権の相続が発生

収入合算の共有者である父の相続をすることになった中畑さん（弟）も、その権利関係を巡るトラブルに巻き込まれてしまった１人です。

学校卒業後に家を飛び出した兄が、亡くなった父親の葬儀の席で弟の中畑さんと再開となりました。亡くなった父親の相続の件で、何やら不穏な空気が漂っています。

困ったことになりました。兄と共有なんてまっぴらです。

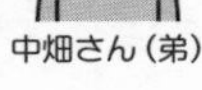

中畑さん（弟）

池田先生

確かお父さんと収入合算で、現在のご自宅を購入されたんですよね。

父と同居するつもりでしたから、何の迷いもなく収入合算しました。まさか、父が亡くなるなんて……。

中畑さん（弟）

池田先生

この機会に、しっかりとお兄さんと話し合いすべきです。兄弟なんですから。

15年前、中畑さん（弟）は**父親と同居するための新築一戸建てを購入**しました。家族と父親との新居にぴったりの物件が見つかりましたが、年齢が若く収入が融資希望額に及ばなかったため、中畑さん（弟）を契約者（主債務者）、父親を収入合算者（連帯債務者）とする**連帯債務型収入合算の住宅ローン**を利用することになりました。

また、物件購入に関わる自己資金の一部を父親に用意してもらったこともあり、不動産の所有権（持分）は中畑さん（弟）2分の1、父親2分の1としました。

それが、今回、父親が亡くなったことで、**持分2分の1とともに父親の支払い債務に対する相続**が発生したのです。

父親と母親は既に離婚していたため、相続人は中畑さんご兄弟2人のみ。

父親の持分に関しては法定相続分で2分の1ずつ分けると、中畑さん（弟）が4分の3、中畑さん（兄）が4分の1の持分を取得することになります。

■ 被相続人に配偶者がいない場合（離婚、死亡など）の相続の優先順位

- 第1位 ⇒ **子供**（子供が死亡している場合は、孫、曾孫）
- 第2位 ⇒ **父母**（父母が死亡している場合は、祖父・祖父父母）
- 第3位 ⇒ **兄弟姉妹**（兄弟姉妹が死亡している場合は、その子（甥・姪））

次に**住宅ローンの連帯債務者であった父親の支払い債務**です。

連帯債務型の場合、主たる債務者が亡くなれば、加入している**団体信用生命保険で残債を完済**することができますが、中畑さんの父親は連帯債務者であり団体信用生命保険には加入していません。

したがって、父親の債務に関しては、主たる債務者である中畑さん（弟）はもちろん、兄も相続することになります。

父と弟が仲良く収入合算したことで住宅ローンの支払い債務を相続することになった兄の立場としては快くはないでしょう。

今回の件で、兄が父親から相続した持分の買い取り請求など権利を主張してくる可能性は十分に考えられます。

仮に兄が具体的な行動を起こさなくても、**共有関係や連帯債務の関係は解消しておくべき**です。

将来、買い換えで売却しようにも、互いの意思が合致しなければ進められません。ご兄弟の何れかが亡くなれば、更に権利関係が複雑化してしまいます。

父からの最後の贈り物

今回の相続の件がきっかけで、中畑さん（弟）自身も、これまでの兄への思いや今後の関係について真剣に考えるようになりました。

当初は平行線だった２人ですが、話し合いの回数を重ねることで次第に距離を近付けることができ、最終的には、**中畑さん（弟）が単独の住宅ローンに借り換え、兄の持分を買い取る**ことで合意に達しました。

そしてそれまで不仲だった２人が、気付けば仲の良かった子供の頃のように、色々と話し合えるようになっていました。

今思うと、故人が不仲だった２人の息子たちに残した「最後の贈り物」だったのかも知れません。

POINT

❶ 契約者や収入合算者を取り巻く環境は常に変化する可能性がある。

❷ 転職、失業などによる**返済の滞り**、**離婚や共有者の死亡リスク**の想定が必要。

❸ **共有者の死亡**により**権利関係が複雑化**すると、売却や買い換えに影響が出る。

「父さん、いくらで買ったの？」

「泣きっ面に蜂！」相続税の次は所得税！

不動産を「**売るとき**」「**買うとき**」「**保有するとき**」には、必ず税金が必要になります。

特に購入時には、**登録免許税**や**不動産取得税**など諸費用を大きく左右する税金がかかるため、事前に**居住用財産の軽減措置**＊の適用要件などを確認しておくことが大切です。

また、不動産を所有していると、毎年必ず**固定資産税が課税**されてきます。日本の税収の多くは、不動産と密接に関わっていることにお気付きでしょう。

しかし、不動産の取引で意外と盲点になるのが、**売却（譲渡）に伴う税金（所得税、住民税）**です。

不動産を売却した時の**譲渡所得にかかる税金（所得税、住民税）**は、譲渡した年の１月１日時点での所有期間が５年以下のもの（**短期譲渡所得**）と５年を超えるもの（**長期譲渡所得**）により税率が異なります。

譲渡所得税と**譲渡所得金額**は、次の計算式で求められます。

譲渡所得税の計算式

税額 ＝ 譲渡所得金額 × 税率

短期譲渡所得 39%（所得税 30%、住民税 9%）
長期譲渡所得 20%（所得税 15%、住民税 5%）

譲渡所得金額 ＝ 譲渡価格 －（ 取得費 ＋ 譲渡費用 ）－ 特別控除

取 得 費 ⇒（取得価格 ＋ 諸費用 ＋ 改良費等）－ 減価償却費
譲渡費用 ⇒ 譲渡資産を売却するために直接かかった費用
特別控除 ⇒ 要件により、800 万円から 5,000 万円の特別控除を受けることができる特に**居住用財産の譲渡に関わる 3,000 万円特別控除***は重要です。

例えば、取得費 800 万円の土地を、所有期間 15 年で譲渡価格 1,000 万円（譲渡費用 50 万円）で売却した場合の譲渡所得金額、譲渡所得税（所得税・住民税）はこのようになります。

譲渡所得金額　1,000万円 －（800万円 ＋50万円）＝ 150万円
譲渡所得税　150万円 ×20.315％ ＝ **304,725円**

※ 税率は、所得税15％、復興特別所得税0.315％（15％×2.1％）、住民税5％の合計となります（長期譲渡所得の場合）。
復興特別所得税とは、「東日本大震災からの復興のための施策を実施するために必要な財源の確保に関する特別措置法」により創設され、平成25年1月1日から令和19年12月31日まで課税されます。

- **居住用財産の軽減措置とは**

一定の要件を充たす居住用財産（マイホーム）の譲渡、取得などに対して税金が優遇される措置（登録免許税、不動産取得税など）。

- **居住用財産の譲渡に係る3,000万円特別控除とは**

所有期間に関係なく、居住用財産（マイホーム）を譲渡して得た譲渡所得に対し、3,000万円まで控除できます。

取得費不明で高額納税！

金融機関に勤務する冨永さん（45 歳）は、最愛の父が亡くなり、悲しんでいるところへ**相続税**が容赦なく課税されてきました。

そして、父親が家族のために残した大切な土地を売却したところ、今度は**高額の譲渡所得税が課税**されてきたようです。

池田先生

お父さんが購入されたときの価格が分かる書類はなかったのですか？

冨永さん

価格が分かる書類ですか？

池田先生

売買契約書とか領収証です。

今回、冨永さんが**高額の譲渡所得税**を納めることになったのは、**取得費が不明**であったからです。譲渡所得税は不動産の売却によって利益が出た場合に課税される税金です。この譲渡所得金額を確定するには、「いくらで買ったか」という取得費が分からなければいけません。

冨永さんに、お父さんが残された土地に関する書類を用意してもらいましたが、売買契約書や領収証など取得費を特定する資料は、一切見当たりません。

このような**取得費不明のケースは、「譲渡価格 × 5%」を概算取得費として譲渡所得税を計算**することになります。つまり、**売買価格の 9 割程度の利益を得たという前提**で税額を計算するのです。

「父さん、いくらで買ったの？」と叫び出したくなる瞬間です。

相続や贈与で不動産を取得したときは、被相続人や贈与者の所有期間は相続人や受贈者に引き継がれます。

登記情報を確認したところ、冨永さんの場合、所有期間 15 年で長期譲渡所得、譲渡価格 1,000 万円（譲渡費用 50 万円）で概算取得費を用いて、譲渡所得税を計算するとこうなります。

譲渡所得金額	1,000万円 －{(1,000万円 ×5%) ＋50万円) ＝ **900万円**
譲渡所得税	900万円 ×20.315% ＝ **1,828,350円**

今回の場合、対象となる不動産が土地（更地）であり、居住用財産の 3,000 万円特別控除は利用できません。冨永さんのお父さんが購入した時の取得費が 800 万円であるとした場合、概算取得費での計算になると **6 倍もの譲渡所得税を課税される**ことになります（226 ページ参照）。

お父さんが亡くなり、相続税を支払う。そして 6 倍もの譲渡所得税を納める。

確かに「泣きっ面に蜂」です。

妻や子供に残す不動産がある場合、必ず生前から契約書、領収書など重要書類を整理しておくことが、残された家族への思いやりと言えるでしょう。

POINT

❶ 不動産を売却した時の**譲渡所得税**は所有期間によって税率が異なる。

❷ 物件購入時の取得費を証明するためには、**売買契約書や領収証が必要**。

❸ 取得費不明の場合、**概算取得費（譲渡価格×5%）**で税額を計算する。

空き家の放置で固定資産税が6倍に！

増え続ける空き家&所有者不明土地

総務省の「住宅・土地統計調査」によれば、2018年、全国の空き家数は848万9,000戸と過去最多を記録し、総住宅数に対する空き家率は13.6%にも及ぶことが分かりました。

少子高齢化、都心部への人口移動などを背景に、全国の空き家数は増え続けており、防災、衛生、景観などの面で特に問題の多い管理の行き届いていない空き家の存在が社会問題になっています。

また、地方の山林や田畑を中心に、**相続登記が行われずに長年放置**され、登記記録では所有者が判明しない、あるいは所有者が判明しても連絡が取れない、いわゆる**所有者不明土地**の増加も深刻化しています。

火災や倒壊による被害や犯罪に利用される危険性も高く、空き家対策と所有者不明土地対策は急務とされています。

空き家対策特別措置法と相続登記の義務化

こうした事態を受け、2015年5月には「**空家等対策の推進に関する特別措置法（空き家対策特別措置法）**」が施行されました。

これにより、放置すれば倒壊など著しく保安上危険であり衛生上有害である空き家、著しく景観を損なっている状態の空き家について、これを「**特定空き家**」と認定し、**自治体から所有者に対する助言または指導、勧告、命令、行政代執行による空き家の撤去**ができることになりました。

また、所有者不明土地増加の原因の1つとされる**相続登記が義務化**されることになりました。

不動産取得を知った日から3年以内に正当な理由なく相続登記を行わなければ10万円以下の過料の対象となります（2024年4月1日施行）。

近隣住民からの通報！　固定資産税が6倍に！

兄さん、実家が特定空き家とやらに認定されたらしいじゃないか！

大丈夫だよ！　自治体が解体してくれたら税金も納めなくて済むじゃないか！　修繕費や解体費用なんて払ってる余裕ないよ！

そんな都合よくいくかな。嫌な予感がするよ……。

山辺さんご兄弟は、15年ほど前に**両親から相続した郊外の一戸建て**をほとんど手入れもすることなく放置していました。

台風で屋根瓦は剥がれ落ち壁に穴が開き、窓ガラスは割れていて今にも建物が崩れてきそうです。粗大ゴミなど廃棄物も不法投棄され、敷地全体に異臭が立ち込めている状態です。

そうした状態に対し、近隣住民から自治体に通報が相次ぎ、立ち入り調査が行われた結果、**両親から相続した家が「特定空き家」に認定**されたのです。

自治体から山辺さんご兄弟に対しては、繰り返し、**状況改善に向けての助言や指導**がなされましたが、空き家を放置し続けた結果、**修繕・除去するよう勧告する書面**が届きました。

そして、その中に気になる一文が添えられていました。

固定資産税のことが書かれているのですが、意味が分からないです。

助言や指導の段階で、自治体の担当者にしっかり相談すべきでしたね。

えっ…！　何かペナルティとかあるんですか？

自治体から山辺さんご兄弟になされた勧告は、特定空き家の修繕・除去を求める内容と、**固定資産税・都市計画税の住宅用地特例の対象から除外する**旨が記されていました。

固定資産税・都市計画税とは、毎年1月1日現在の不動産の所有者に課税される税金で、固定資産税課税台帳に記載された価格に税率を乗じて計算されます。

固定資産税額 ＝ 課税標準 × 1.4%（標準税率）
都市計画税額 ＝ 課税標準 × 0.3%（制限税率）
※標準税率、制限税率は各市区町村で決定

固定資産税の場合、**建物については、新築後3年間（長期優良住宅は5年間）、120㎡以下の部分の税額が2分の1に減額**されます。

また、専用住宅用地の場合、固定資産税・都市計画税に関し、次の通り課税標準の軽減措置があり、200㎡以下の住宅用地であれば、**固定資産税が評価額の6分の1、都市計画税が評価額の3分の1に軽減**されています。

■ 専用住宅用地の課税標準の軽減措置

❶ 1戸当たり200㎡以下の部分（小規模住宅用地）

固定資産税の課税標準 ＝ 評価額 × $\frac{1}{6}$

都市計画税の課税標準 ＝ 評価額 × $\frac{1}{3}$

❷ 200㎡を超える部分（一般住宅用地）

固定資産税の課税標準 ＝ 評価額 × $\frac{1}{3}$

都市計画税の課税標準 ＝ 評価額 × $\frac{2}{3}$

山辺さんご兄弟の場合、相続した家を著しく危険かつ不衛生な状態で放置し、近隣住民に多大な迷惑をかけた結果、特定空き家に認定され、改善に向けての助言や指導を無視し続けたことで、**住宅用地特例の対象から除外**されてしまったわけです。

その結果、**固定資産税は6倍、都市計画税は3倍の負担**となってしまいました。

6倍なんて！　これからも無視し続けたらどうなるんですか？

山辺さん（兄）

次は命令、最後は行政代執行です。命令に背くと罰金、行政代執行による解体費用は所有者に請求されます。

だからヤバイって言ったのに！　どうするんだよ！

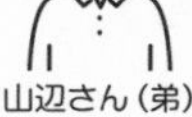

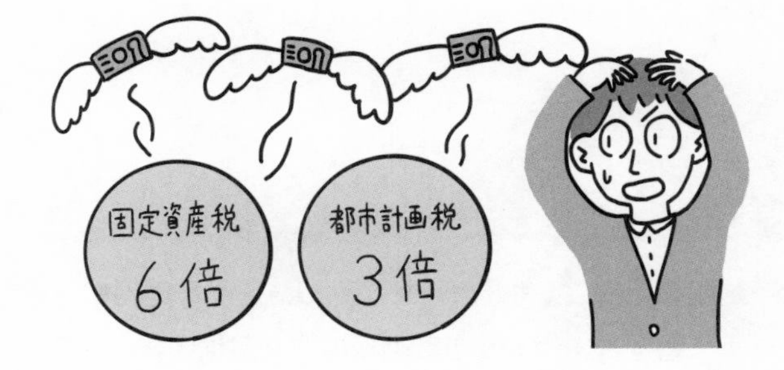

空き家の所有者が、勧告に対して自発的に修繕・除去しないようであれば、次は勧告にかかる措置をとるよう命令がなされ、背くと**50万円以下の罰金**に処せられます。

それでも状況が改善せず、空き家が放置され続けるようであれば、最後は**自治体による行政代執行**で建物の取り壊しが行われ、解体費用は所有者に請求されることになります。

しかし現実には、所有者不明土地の問題などもあり、行政代執行に関わる費用を所有者から回収できないケースも頻発しており、まだまだ、課題は山積みしています。

●特定空き家認定後の流れ

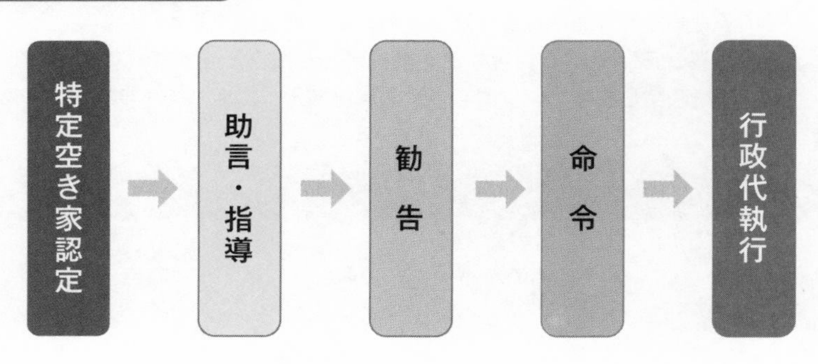

山辺さんご兄弟のように、自分では住むことのない不動産を相続することになった場合、不要であるからといって特定空き家に認定されるまで放置することは得策ではありません。

所有し続けるだけでも、固定資産税や都市計画税は必ず必要です。

本当に売却や活用はできないものか、できるだけ早い段階で専門家に相談すべきです。

山辺さんご兄弟も、修繕や除去などを行う経済的な余裕がなければ、助言・指導の段階までで、自治体の担当者と繰り返し相談を行うべきだったと言えるでしょう。

POINT

❶ **不要な不動産を相続**しても、放置せず売却や活用を専門家に相談する。

❷ 特定空き家は固定資産税・都市計画税の**住宅用地特例の対象外**となる。

❸ 特定空き家認定後も、諦めず、助言、指導段階で**繰り返し相談**を行う。

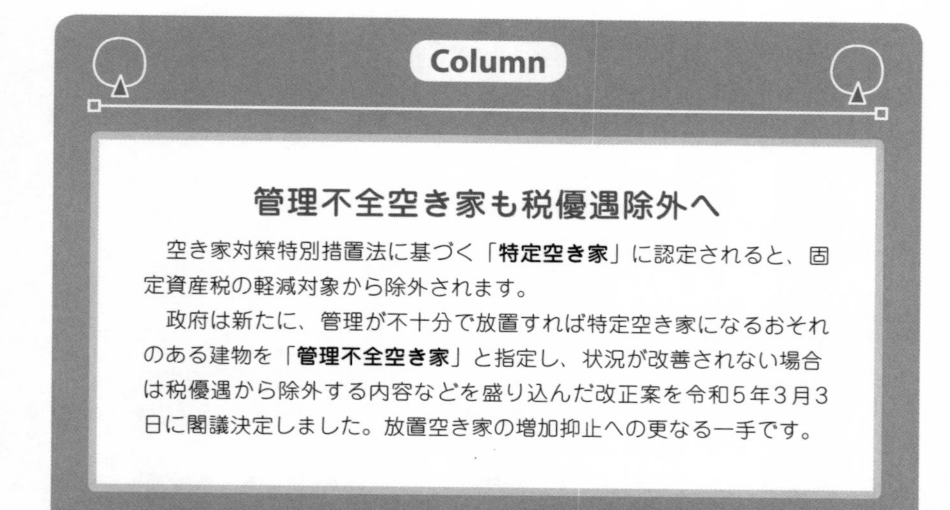

Column

管理不全空き家も税優遇除外へ

空き家対策特別措置法に基づく「**特定空き家**」に認定されると、固定資産税の軽減対象から除外されます。

政府は新たに、管理が不十分で放置すれば特定空き家になるおそれのある建物を「**管理不全空き家**」と指定し、状況が改善されない場合は税優遇から除外する内容などを盛り込んだ改正案を令和5年3月3日に閣議決定しました。放置空き家の増加抑止への更なる一手です。

「売買契約」には盲点がいっぱい！

どうしてクーリングオフできないの？

不動産取引でもできるクーリングオフ

「**クーリングオフ**」とは、いったん申込みや契約をしてしまっても、再考のため、**一定期間内であれば無条件に申込みの撤回や契約の解除ができる一般消費者の保護を目的とした法制度**です。

申込者や契約者が事業者の場合は適用外であり、対象となる取引やクーリングオフできる期間も明確に定められています。

クーリングオフというと、訪問販売や電話勧誘、キャッチセールスなどを想像する人が多いのではないかと思いますが、**不動産取引でも宅地建物取引業法でこの制度が定められています。**

クーリングオフの**対象となる取引は「売買」**です。**「賃貸」は適用対象外**となります。また、「誰」と「どこ」で契約（申込み）したかという適用要件が明確に規定されています。

■不動産取引におけるクーリングオフの適用要件

❶ 売主が宅地建物取引業者であること

※売主が宅地建物取引業者でない個人などの場合は適用外となります。

※買主が宅地建物取引業者の場合は、適用外となります。

❷ 宅地建物取引業者の事務所など以外での申込みまたは契約であること

※「事務所など」とは、店舗、営業所、案内所、モデルルームなどをいいます。

※「事務所など以外」とは、喫茶店、レストラン、買主の自宅、勤務先などです。

❸ 代金の支払いをしていないことまたは物件の引き渡しを受けていないこと

❹ クーリングオフできる旨及びその方法を書面により告知された日から起算し8日以内であること

※申込日や契約締結日からの起算ではありません。

※書面による告知がなければ買主は8日以内の制限を受けません。

ファミレスで契約したのにクーリングオフ適用外!?（Case 1）

先日の契約をクーリングオフしたいんだ。

山田さんの場合、クーリングオフは適用外になりますよ。

どうしてだよ？　ファミレスで契約したじゃないか！

山田さん（28歳）の場合、**クーリングオフの対象である「事務所など以外」の場所（ファミレス）で契約を行っています。**

しかし、不動産業者はクーリングオフは適用外と説明しています。

なぜでしょうか。

実は、山田さんは、不動産業者の事務所で資金計画など具体的な説明を受けた上で、購入申込書を記入し最終的な意思決定をしていたのです。

このように、**買い受けの意思表示を「事務所など」で行い、後日、「事務所など以外」の場所で契約締結した場合は、クーリグオフの適用対象外**となってしまいます。

勤務先で契約したのにクーリングオフ適用外!?（Case 2）

クーリングオフは適用されませんし、手付金もお返しできません。

どうしてですか？　勤務先まで来られて仕方なく契約したんですよ！

購入をお止めになるのであれば、手付解除しかありませんね。

大友さん（32歳）は、クーリングオフの対象である「事務所など以外」の場所（買主の勤務先）で契約を行いましたが、不動産業者は大友さんのクーリングオフの申し出を拒んでいます。

事情を確認したところ、不動産業者の事務所に行く予定が組めないため自分の勤務先に来るように指定したのは、大友さん自身であることが分かりました。

このように、買主の自宅や勤務先での申込みや契約も、**買主自身が場所を指定した場合はクーリングオフの適用対象外**となります。

大友さんが物件購入を取り止める場合、**手付解除***する他ありません。

後日のトラブルを避けるためにも、買主が契約場所として自宅や勤務先を指定した旨を記載した書面を、当事者間で取り交わしておくとよいでしょう。

● 手付解除とは

契約締結後、手付解除期日として定めた期日迄の間は、買主は手付金を放棄し（手付流し）、売主は手付金を返還し、さらに手付金と同額を買主に支払う（手付倍返し）ことで、契約を解除できるとするものです。

いかがでしょうか？

クーリングオフは、一般消費者保護を目的としているため、事業者側には一定の制約を強いる制度と言えます。

したがって、申込みや契約を行った場所、クーリングオフできる期間など適用要件を明確に定めているのです。

不動産という高額商品を売買する上で、当事者が不測の損害を負うことなく、安心安全な取引を行うためには、事業者である宅地建物取引業者はもちろん、買主となる消費者の立場においても、法制度の意味合いや仕組みを正しく理解することが大切です。

POINT

❶ クーリングオフの適用要件は、**「誰」と「どこ」で契約（申込み）したか**で決まる。

❷「事務所など」での申込み後の**「事務所など以外」の場所での契約**は適用外。

❸ 買主の自宅や勤務先での契約は、買主による場所指定である旨を**書面化**する。

Column

混同してない？　申込証拠金と手付金

不動産業界では、条件に合う気に入った物件が見つかれば、購入や入居申込時に「**申込証拠金**」を授受するケースがよくあります。

申込証拠金は、申込みから最終決定までの間、お金を不動産業者や相手方に預けることで、「本気で検討しているので他で決めないで欲しい」という自らの本気度を示し、関心のある物件を「**留める**」、つまり**順位を保全する**という商慣習で古くから使われています。

契約前に申込証拠金を授受する行為自体は特に問題ではありませんが、成約に至らなかった場合の返金処理を巡りトラブルが多発しているのも事実です。

申込証拠金は、契約締結時に授受される「手付金」とは異なり、**当事者が契約を約束するものではなく、成約に至らなかった場合には必ず返金されるお金です。**

一方、**手付金**とは、**契約締結時に買主から売主に支払われるお金**のことです。

手付金には、正式に契約が成立したことの証としての「**証約手付**」、指定期間内もしくは相手方が契約の履行に着手するまでの間、契約を解約する権利を留保する「**解約手付**」、相手方に契約違反や債務不履行があった場合の違約金や損害賠償金として機能する「**違約手付**」としての法的意味合いがあり、不動産取引においては解約手付としての性質が強いです。

申込証拠金も手付金も、正式に不動産を取得するまでに授受されるお金ですが、それぞれが持つ性質や意味合いはまったく異なります。トラブル防止のためにも正確に理解しておきましょう。

家が売れずに買い替えできない

最も難易度の高い不動産取引とは？

一体、いつ売れるのかなぁ！　二重返済で本当に生活が大変なのに！

そう言われましても……。価格を大幅に値下げしてみませんか？

こんなことなら、先に売っておくべきだったよ。

マイホームを「売る」「買う」「建てる」、楽しいことばかりではありません。

不動産業者の選定から資金計画、契約手続き、税金対策など頭を悩ませる難しい関門がいくつもあります。

初めての経験となれば、なおさら大変です。

中でも、特に**難易度の高い不動産の取引が「買い換え」**です。

所有する自宅を売却して新居を購入する。言葉で言うほど簡単ではなく、家族の協力のもと、信頼できるパートナー（不動産業者）と、常に二人三脚で1つひとつの手続きを進めていかなければ、理想的な買い換えは実現できません。

買い換えには、次の２通りの方法があります。

❶ 売り先行型 ⇒ 所有する自宅を売却してから、新居を購入（新築）
❷ 買い先行型 ⇒ 新居を購入（新築）してから、所有する自宅を売却

「売り先行型」の場合、**賃貸での仮住まいの費用**が必要になったりします。

「買い先行型」の場合であれば、自宅の売却が完了するまでの間、**住宅ローンの二重返済**や、固定資産税や管理費などの二重払いの経済的負担が生じたりし

ます。

「売り先行型」と「買い先行型」の代表的なメリットとデメリットをまとめてみました。

●売り先行型と買い先行型のメリットとデメリット

❶ 売り先行型

メリット	デメリット
●自宅の売却価格が確定でき新居購入の資金計画が立てやすい。 ●売り急ぎによる極端な値下げをしなくてもよい。	●賃貸による仮住まい費用や、2度の引越し費用が必要となる。 ●住みながらでの売却となるため、生活感が出やすく売りにくい。

❷ 買い先行型

メリット	デメリット
●新居選びに時間をかけられる。 ●賃貸による仮住まい費用が必要なく、引越しも1度で済む。	●自宅が売却できるまでの間、住宅ローンの二重返済、固定資産税や管理費などの二重払いが生じる。 ●新居の住宅ローン審査の難易度が高い。 ●売り急ぎによる値下げ傾向がある。

家が売れない！ 二重返済&二重払いの苦悩

高井さん（40 歳）は、買い換えで築浅のマンションに住み替えました。

とはいえ、新居購入から半年がすぎても一向に以前の家が売れる気配がありません。住宅ローンの二重返済に加え、以前のマンションと新居の管理費、修繕積立金、固定資産税などの二重払いが続き、蓄えのほとんどを使い切ってしまいました。

高井さんが、「**買い先行型**」を選択したのには、ある理由がありました。それは、1 年前に買い換えを経験した同じ職場の同僚Ａ氏の体験談と助言でした。

実は自宅を買い換えしようと思ってるんだ。どうだった？

絶対に新居を先に購入すべきだよ。賃貸の仮住まいが長引いて結構大変だったんだよ。

そうか～。理想の家が見つかるまで、ずっと仮住まいの家賃を払い続けないといけないもんな。

高井さんの同僚Ａ氏は、**「売り先行型」で自宅を先に売却し、仮住まい後に新居をゆっくりと探す計画**でした。

しかし、新居が見つかるまでの仮住まい期間が１年ほど続き、２度の引越費用や月々の家賃負担が想像以上に大変だったようです。

その苦い経験から、**仮住まいの必要がなく１度の引越しで済む「買い先行型」**を勧めてくれたようです。

ですが、高井さんは二重返済、二重払いにダウン寸前の状態に陥ってしまいました。

最後は、唯一現れた購入希望者からの厳しい値引き交渉に渋々応じる形で、何とか契約に漕ぎ着けました。

売却後の高井さんのお話を伺いましたが、いつまで続くかわからない二重返済、二重払いへの不安から、冷静な判断ができる状態になく、最後は叩き売りのような状態で手を打つことになったようです。

高井さんと同僚Ａ氏の体験談からもわかるように、「売り先行型」にも「買い先行型」にもそれぞれの特徴があります。

どちらが最適な方法であるかは案件ごとに異なります。

お客様自身や不動産業者の努力だけではなく、売却時や購入時の市場の動向や景気など、ある意味、買い替えを決意したタイミングでの「運の良し悪し」にも結果が大きく左右されるのです。

そこが、買い換えが難易度が高いとされる所以なのです。

自宅の売却が予想以上に苦戦したり、新居の住宅ローン審査で希望額を大幅に減額されたりと、実際に手続きを進めるなかで計画通りに進められないことが、たくさん出てきたりします。

反対に、当初の査定額を上回る購入希望者が現れるといった嬉しい誤算もあったりします。

不動産の買い換えでは、最初に「売り先行型」と「買い先行型」のどちらか一方に方向性を固めてしまうのはお勧めできません。

自宅の売却と新居の購入を同時に進行させましょう。

そのなかで**市場の動向を的確につかみ、軌道修正をしつつ時間的、経済的ロスを最小限に抑え「売り」「買い」のいずれかを優先させる形を整えていく**のが理想的な進め方です。

そして、自宅の売却前に理想的な買い換え先が見つかった場合は、**買い換え先の売買契約に「買い換え特約」を付ける**ことが重要です。

買い換え特約とは、買主の所有する不動産が指定期日までに希望価格で売却できなかった場合、買主は契約を解除することができ、授受された手付金も返還されるとする特約です。

つまり、所有物件が希望価格で売却できることを前提とした購入契約において、**売却が不成立の場合の契約解除権を買主に認めたもの**です。

買い換えは決して簡単ではありません。ゴールまでいくつものハードルがあります。

理想的な買い換えを実現するための第一条件は、お客様とパートナー（不動産業者）との信頼関係の構築です。

POINT

❶ **売り先行型**は、自宅を売却してから、新居を購入（新築）する方法。

❷ **買い先行型**は、新居を購入（新築）してから、自宅を売却する方法。

❸ 軌道修正を図りながら、**「売り」「買い」同時進行するのが理想**である。

現状有姿の盲点！消えた庭木・庭石

現状有姿は「あるがままの姿」

庭木や庭石がなくなってるじゃないか！　これが気に入ってこの家を買ったんだよ！

お客様A

寺西さん
（不動産屋）

いゃ…、あの……。現状有姿ですから…。我慢してください。

売主が持っていくなんて一言も聞いてない！　納得できません！

お客様A

不動産取引、特に既存住宅（中古住宅）の売買で注意が必要なのが「**現状有姿**」という言葉の取り扱いです。「現状有姿」は「現状渡し」とも言われます。

売買契約書の条文にも「**物件の引き渡しは現状有姿による**」という文言が普通に使用されています。

実際の取引においては、**対象となる不動産に経過年数に応じた小さい傷や汚れなどが存在しても、売主側で修繕など「手を加える」ことなく「あるがままの姿」で引き渡しを行う**ことを意味します。

特に注意が必要なのが、**対象不動産の引き渡し時の「あるがままの姿」を現状有姿とするという点です。**

すなわち、内覧時や契約時には、確認されていなかった小さな傷や汚れ、状態の変化が引き渡し時に存在していても、その状態を「現状有姿」という言葉で取りまとめているわけです。

非常に危険な言葉だと感じませんか。

「現状有姿」という言葉の持つ危険性は、当事者だけでなく不動産業者によっても認識に曖昧な点が多く、思い込みや認識のズレから、後日、大きなトラブルに発展するケースが非常に多いことです。

実際、トラブルが起こると「現状有姿」という言葉を「逃げ道」として使用している不動産業者や売主をよく目にします。

言い換えると、「中古物件だから、多少の傷や汚れや状態の変化があっても我慢してください。」と言われているようなものです。

新築物件のように建物や付帯設備に保証のない中古物件の売買においては、目的物件の引き渡し状態に対して買手に一定のリスクを強いる危険性があることを覚えておきましょう。

■現状有姿のメリット・デメリット

	メリット	デメリット
買 主	物件の価格が安くなる	購入後に修理・リフォームなどの費用がかかる
売 主	修繕費用がかからない	契約不適合責任の可能性

「現状有姿」では逃げられない！

不動産業界２年目の寺西さん（28歳）が１か月前に担当した一戸建てでトラブルが起こりました。

何でも、**売主が庭木や庭石をすべて持ち去ってしまった**ようです。

お客様から連絡を受け、あわてて現地を確認しに行ったところ、美しい庭木や庭石によって醸し出されていた落ち着いた住空間が、土の掘り起こし跡も生々しい殺風景な土地に変わり果てていました。

確かに土地や建物と比較すれば、庭木や庭石の経済的価値は小さいかも知れません。

しかし、庭木や庭石が家屋や庭と一体となって醸し出す趣のある雰囲気が、物件購入の決定打になっているケースも少なくありません。

夢の新生活を「根こそぎ」持っていかれた買主の憤りはもっともと言えるでしょう。

物件の引き渡し状態を1つひとつ当事者と一緒に確認しましたか？

現状有姿での引き渡しである点は、説明したのですが……。

売主も買主も自分にとって都合良く現状有姿をイメージするわけですから、トラブルになって当然です。

今回の案件は、寺西さんが売主、買主とともに、契約時に「**物件状況確認書**」や「**付帯設備表**」を用いて、取引対象となるもの、ならないもの、不具合の有無など、**１つひとつ目的物件の引き渡し状態を確認していなかった**ことが、当事者をトラブルに巻き込むことになった最大の原因です。

物件の引き渡し状態に関しては、売主が『自分のものだから当たり前』、買主も『取引対象に含まれて当たり前』と、お互いの立場で「当たり前」と感じるような内容が大きなトラブルに発展するケースが少なくありません。

トラブルを未然に防止するためには、当事者が「当たり前」と感じるような１つひとつの項目に対し、**繰り返し書面で確認し合うことが最も重要**なのです。

庭木や庭石、門塀などは、比較的容易に取り外しができるものを除き、土地の定着物と考えるのが一般的です。

したがって、**当事者間で、庭木や庭石、門塀などを取引対象から除外する旨の特段の取り決めがない限り、目的物に含まれると考えて処理する**ことが妥当と考えられます。

今回のトラブルに関しては、当事者間で十分に話し合いを行い、売主の負担で同種、同程度の庭木・庭石を設置することで決着することができました。

現状有姿取引において、必ず当事者間でチェックしておくべきポイントをまとめてみました。

❶ 備え付け家具、エアコン、照明器具、洗浄便座、瞬間湯沸かし器など
❷ 庭木、庭石、門塀、ガーデニング用品、物置、郵便受けなど

契約不適合責任は引き渡し状態の明確化がすべて！

不動産の引き渡し状態の明確化は、現状有姿取引におけるトラブル防止の大前提となる行為です。取引の目的物に対して**売主が買主に責任を負う「契約不適合責任」**に関しても同じことが言えます。

「契約不適合責任」とは、**買主に引き渡された目的物が種類、品質、数量、移転した権利に関して「契約内容と適合しない」ものであった場合に、売主が負うべき責任を定めたもの**です。

契約不適合責任の考え方は、売主が「こういう状態で引き渡します」と買主に約束したとおりの状態で不動産を引き渡すことが前提です。

引き渡し後の物件に説明のなかった雨漏りやシロアリの害などの**不具合が発見された場合に、買主を不測の被害から保護することが目的**です。

言い換えれば、設備の有無や不具合の存在など目的物の引き渡し状態をしっかりと明確化することで、売主の立場もトラブルから守ることができるわけです。

例えば、雨漏りの存在や価格を減額している理由をしっかりと説明した上で、雨漏り箇所に対する売主の契約不適合責任を免責とする旨の特約を設けることで、契約当事者を想定外のトラブルから保護することが可能になるわけです。

建物、土地、権利に関する契約不適合の具体例をまとめてみました。

■ 契約不適合の具体例

❶ **建物** ⇒ 雨漏り、シロアリの害、木部の腐食、給排水設備の故障など
❷ **土地** ⇒ 地中埋設物、土壌汚染、軟弱地盤、擁壁不良、境界越境など
❸ **権利** ⇒ 抵当権や地上権などの付着、一部が他人の権利である場合など

POINT

❶ **現状有姿**とは、売主が手を加えずに引き渡しを行う「あるがままの姿」。
❷ 物件の**引き渡し状態を明確化**することで現状有姿トラブルは未然防止できる。
❸ **契約不適合責任**の本来の目的は、売主、買主双方を保護することにある。

代理人契約の盲点！そこまでは任せてない！

代理人の権限外行為がトラブルのもと

田村さん、売主さんから備え付け家具のことで連絡がありまして……。

リビングのキャビネットですよね。置いていってくれるんですよね。

それが代理人と勝手に約束してもらったら困るとお叱りを受けまして。

不動産取引で特に注意が必要となるのが、「**代理人による契約**」です。

不動産のようなに高額な取引においては、**契約者本人による立会い契約が原則**です。どうしても契約者本人が立会いできない場合や、複数の当事者のうち同席できない人がいる場合などは、**「委任状」を用いた代理人契約**を行うことになります。

代理人契約では、以下のことが重要です。

❶ 委任者の意思を正確に確認する
❷ 代理人に委任する権限の範囲を明確にする

特にトラブルの原因となるのが「**委任する権限の範囲**」に関するものです。

具体的には、代理人が委任された権限の範囲を超えて相手方と取引を行った結果、後日、本人から「そこまでは任せていない！」と苦情が寄せられトラブルになるような場合です。

このような場合を、民法110条では「**権限外の行為の表見代理**」として定め、代理人の行為が権限を超えていることを相手方が知らず、落ち度がない（善意・無過失）場合、代理人の行った行為の効果は本人（委任者）に及ぶとされています。

代理人は本人じゃない！

今回の相談者である田村さん（53歳）は、**売主代理人とマンションの売買契約**を結んだ結果、物件の引き渡し直前になってトラブルに巻き込まれてしまいました。

問題となったのは、リビングに設置された天然木の壁面キャビネットです。

床材の色調や材質と調和し、何とも言えない天然木の温かさと高級感が醸し出され、田村さんも一目惚れ。内覧のときから室内に残される備え付け家具だと考えていました。

念のため、売主代理人に相談してみたところ、「喜んでもらえるのであれば」ということで快く承諾してもらえたのでした。

しかし、物件の引き渡し直前になって、気に入った家具なので転居先に持っていくと不動産業者に連絡が入ったのでした。

売主と買主である田村さんの説明をまとめると以下の通りとなります。

■ 売主の説明内容

- 代理人には、売買契約書への記名押印と手付金の受領を委任したが、引き渡し状態を決める権限までは与えていない。
- 内覧の時も買主からは、キャビネットが欲しいという相談は受けていなかった。

■ 田村さんの説明内容

- 代理人が売主の妻であり、内覧時も売主本人とともに同席していたため、代理人であっても、売主本人と同等の立場として認識していた。
- 他の家財道具と違って、部屋の壁面に合わせて作られており、不動産と一体のものだと感じていた。

田村さんの相談を受け、売主から提示された委任状を確認したところ、代理人への委任権限として、次の3点が記載されています。

❶ 売買契約書への記名押印
❷ 手付金の受領
❸ 売買契約に関わる一切の権限

売主の説明通り、ポイントとなる売買契約書の記名押印と手付金の受領は明記されています。

一方で「**売買契約に関わる一切の権限**」という抽象的かつ包括的な表現があるため、代理人の権限において臨機応変に対応できるものと誤認される可能性は否定できません。

ましてや、代理人といっても夫婦の関係にあり、相談内容が夫婦で使用している備え付け家具に関することであれば、田村さんが特段意識することもなく、契約に同席している妻に相談したとしても不自然ではありません。

また、壁面キャビネットは、リビング壁面の幅や高さ、床材の色調や材質に合わせて設計されており、壁面にしっかりと固定されている状態です。

キャビネットを取り外すのであれば、設置跡のビス穴や壁紙の変色が残るため、補修も必要になります。

設置状況から考えても、取り外しに対する特段の取り決めがなければ、田村さんが売買の目的物に含まれるものと認識しても無理はありません。

不動産売買という非常に重要な取引の場で不要なトラブルを避けるためにも、売主の立場としては、委任状における抽象的な表現を避け、代理人に委任する権限の範囲を明確に示すことが何より大切です。

また、**「付帯設備表」や「物件状況確認書」で引き渡し状態を明確化**することで、本件のようなトラブルは未然に防止することができたと考えられます。

代理人の立場としても、「**受任権限の範囲**」を再認識し、権限外の行為に対しては不用意に判断せず、その都度、売主本人に意向を確認することが大切です。

買主の田村さんの立場としても、「代理人は本人ではない」ということをしっかりと認識していれば、備え付け家具を含む物件の引き渡し状態など重要な内容は、不動産業者を介して事前に売主の意向を確認できたはずです。

代理人契約では、委任者、受任者（代理人）、相手方や不動産業者などすべての取引関係者の、より慎重な意思確認と書類チェックの繰り返しが大切なのです。

私の認識が少し甘かったようです。気に入っていただいていたのに、嫌な思いをさせてしまい申し訳ありません。よかったらキャビネットを使ってください。

私こそ大切な話を不用意にしてしまったようです。素敵なキャビネットですから、喜んで使わせていただきます。

田村さんは、売主である夫、代理人である妻と３者で時間をかけて話し合った結果、壁面キャビネットを設置しておくということで円満解決に至りました。

成年後見人との契約の注意点

代理人契約の１つとして、ぜひ覚えておきたいのが**「成年後見人」との契約**です。

成年後見制度とは、認知症、知的障害、精神障害などにより充分な判断能力を持たない人を法律的に支援・援助する制度です。

本人の判断能力が衰える前に後見人を選任する「**任意後見**」と既に本人の判断能力が充分でない状態で選任される「**法定後見**」があります。

成年後見人には親族が選任されるケースもありますが、後見制度の内容が複雑であり、横領や親族間の紛争などの問題が起こりやすいこともあり、司法書士や弁護士といった専門家が選任されるケースも増えています。

成年後見人との不動産契約で注意すべき点は、以下の通りとなります。

❶ 被後見人の居住用不動産の処分に関しては、家庭裁判所の許可が必要である。許可を得ず行われた処分は無効となる。
❷ 成年後見監督人が選任されている場合は、成年後見監督人の同意が必要である。

POINT

❶ 代理人契約では、**「委任する権限の範囲」の明確化**が特に重要である。
❷ 権限の範囲を超えた行為に関しては、すべて**委任者の意向を確認**する。
❸ 成年後見人との契約では、**被後見人の居住用不動産の売買**が要注意。

契約後の大地震！家の補修は誰の責任？

契約後の天災地変による被害

2011年3月11日、午前中に予定していた契約を終え、帰社後デスクに着き、ひと息ついたその瞬間でした。

午後2時46分、東日本大震災発生。

幸いお客様にも取引物件にも被害はありませんでしたが、もし、取引物件に滅失など被害があった場合、どのように対応すべきなのでしょうか。

民法では、目的物件引き渡し前の「**万が一**」に対する「**危険負担**」として、

> **「契約締結後、物件引き渡し迄の間、天災地変など、売主、買主のいずれにも法的に責任のない理由で目的物件が滅失または毀損した場合、修復可能であれば売主が修復し買主に引き渡し、目的物件が滅失した場合は、買主は売買代金の支払いを拒絶し、契約を解除できるもの」**

と定めています。

この危険負担に関しては、令和2年4月1日施行の**改正民法**で大きな変更がなされました。

改正前民法では、「**当事者が法的に責任のない理由で目的物件が引き渡し前に滅失した場合でも買主は代金を支払わなければならないもの**」と定められており、この不合理に対して、実際の不動産取引の場では売主負担への置き換えという形で対応していました。

改正民法ではこの規定が削除され、**買主の代金支払債務の履行拒絶権を認めることで、目的物件引き渡し前の「万が一」に対するリスクを売主が負うもの**と定めたのです。

■ 民法改正と危険負担

❶ 改正前 ⇒ 危険負担の債権者主義。万が一のリスクは債権者（買主）が負う
❷ 改正後 ⇒ 危険負担の債務者主義。万が一のリスクは債務者（売主）が負う

大地震発生！ 決済期日延長の結末

絶対、納得できないよ！　買主さんが決済期日を延長してくれって言うから応じてあげたんだ。

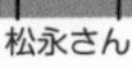

おっしゃることは理解できます。しかし、**物件引き渡し前の被害**ですから、松永様に修復していただかないと。

松永さん（60歳）は、自宅の売買契約締結後、**引き渡し間近にして地震の被害に**遭ってしまいました。

修復可能なレベルですが、外壁タイルの一部にクラックが入ってしまい、修復費用を自分が負担しなくてはならないことに納得できない様子です。

売買契約書には危険負担の条項が記載されており、松永さんも理解しています。

しかし、今回、松永さんが納得しかねているのには、ある理由がありました。

実は、買主の住宅ローンの審査が当初の予定よりも時間がかかり、融資利用特約と物件の引き渡し期日に関する相談を受けた松永さんが、**20日間ほどの期日の延長を承諾し同意書を取り交わした**のでした。

その後、買主の住宅ローンの本審査が承認され、残すは決済を待つばかりという矢先での地震発生だったのです。

当初、契約書に約定されていた決済期日であれば、地震発生までに物件の引き渡しが完了しているはずでした。

ところが運悪く、買主側の事情を考慮し期日延長の申し出を承諾した結果、地震の被害に遭ってしまった松永さんの立場としては、修復費用をすべて負担しなくてはならないことに納得できないのも頷けます。

改正民法では、「万が一」が起こってしまった場合の危険負担を、目的物の「引き渡し」を基準に明確に区分しています。

引き渡し前であれば売主負担、引き渡し後であれば買主負担です。

実際に、引き渡し前に「万が一」が起こってしまった場合、目的物件の滅失、毀損以外にも大きな影響が生じる危険性があります。

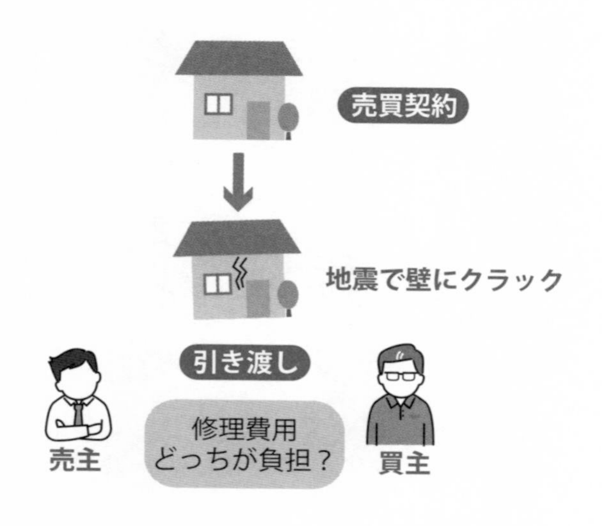

例えば、当事者が買い換えによる取引であった場合です。

松永さんの場合、費用負担は生じますが、被害が修復可能なレベルであったことが不幸中の幸いでした。被害の程度によっては、引き渡し自体が不可能になっていたかも知れません。

もし、売主が買い換えの場合、自宅が売却できず買い換え先の契約も履行できない可能性が生じます。

買主が買い換えの場合、自宅を売却することで転居先を失うことになります。

単に、いつお金をもらい、家を引き渡すかということではなく、それくらい不動産取引における**目的物件の引き渡し期日には、重要な意味がある**のです。

あり得ないは、あり得ない！

不動産取引で目的物件の引き渡し期日を変更するということは、それ相応の理由があるケースです。

取引の目的は、契約不履行によって違約金を没収することではなく、無事に売買を完結することです。

お互いの事情や決済できる可能性などを考えた上で、期日変更の申し出に応じることは、当事者の立場としては頷けます。

しかし、その場合、**引き渡し期日の変更後に「万が一」が起こってしまうリスク**と、**「万が一」が起こってしまった場合の対処法**を十分に考えた上で判断することが必要です。

そして、「万が一」が起こってしまった場合でも、当事者として相手方に対する義務を果たさなければなりません。

不動産取引においては、**「万が一」は起こり得る**、「**あり得ないは、あり得ない**」という心構えで臨むことが大切です。

今回、松永さんと買主さんとの間で、繰り返し相談がなされました。

お互いにとって**責任のない事情で「万が一」が起こってしまった**ことに対し、また、松永さんが買主からの申し出に対して快く応じた結果、負担を負うことになったことに対し、時間をかけて話し合いを行った結果、**地震による損傷箇所の修復費用をお互いに折半することで合意**することができました。

売買代金の支払い方法（金額内訳、支払い時期など）、目的物件の引き渡し状態、引き渡し時期など、取引上の諸条件の１つひとつには、非常に重要な意味合いがあることを、松永さんも、買主さんも、今回の件で身をもって学ぶことができたのでした。

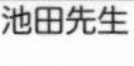
池田先生：高い勉強代になりましたが、買主さんと合意できて良かったですね。

松永さん：すごく反省してます。このタイミングで地震が起こるなんて、あり得ないと思ってました。

池田先生：あり得ないは、あり得ない！

松永さん：たいへん良い勉強になりました。

POINT

❶ **改正民法**では、目的物件の**引き渡し前の「万が一」のリスクは売主が負う。**

❷ 売買当事者の**危険負担**は、目的物件の**引き渡し日を基準**として区分される。

❸ 支払い方法、引き渡し状態、引き渡し期日など、諸条件には重要な意味合いがある。

INDEX

そ

た

ち

つ

て

と

な

に

は

ひ

ふ

へ

ほ

ま

み

め

も

ゆ

よ

り

れ

危ない不動産
知っておきたい家と土地の知識とトラブル解決法

2023年5月31日　第1刷発行

著　者　　池田浩一
発行人　　柳澤淳一
編集人　　久保田賢二
本文イラスト　玉井佑一
発行所　　株式会社　ソーテック社
〒102-0072　東京都千代田区飯田橋4-9-5　スギタビル4F
電話（注文専用）03-3262-5320　FAX03-3262-5326
印刷所　　図書印刷株式会社

ISBN978-4-8007-2115-0